Beueler Miniaturen

Eine Liebeserklärung an das Rheinland im Allgemeinen und Beuel am Rhein im Besonderen

Herausgeber

Hans Paul Müller

Anthologie mit Beiträgen von

Carl J. Bachem, Ursula Becker, Alexander Brüggemann, Karin Büchel, Patty Burgunder, Heinz-Peter Ebert, Ulrike Engels, Sabine Harling, Sylva Harst, Claudia Knöfel, Rainer Krippendorff, Inke Kuster, Hermann Messinger (†), Hans Paul Müller, Margret Müller, Dieter Noth, Manfred Spata, Michael Vaupel, Helmut Vogt, Gabi Wasser, Theodor Zens, Wolfgang Zimmer, Helga Zinsmeister

Bibliografische Information der Deutschen Nationalbibliothek:
Die Deutsche Nationalbibliothek verzeichnet diese Publikation in der Deutschen Nationalbibliografie; detaillierte bibliografische Daten sind im Internet über http://dnb.d-nb.de abrufbar.

1. Auflage April 2020
Lektorat: Sylva Harst + Katrin Scholler
Umschlaggestaltung: Rose Bernfeld
unter Verwendung eines Bildes von
Sabine Prechtel: Der Rhein (2017) – Acryl auf Leinwand

Kid Verlag | Samansstr. 4 | 53227 Bonn
www.Kid-Verlag.de

ISBN 978-3-947759-45-3

Inhaltsverzeichnis

Vorwort **7**
Heinrich Neu: Beuel – einst und jetzt **8**
Sylva Harst: Der älteste Beueler **11**
Carl J. Bachem: „Bonns Schäl Sick“ – oder aber „Bonns Sonnenseite? **15**
Hans Paul Müller: Die Römer und der Rhein **21**
Alexander Brüggemann: Karl und Heinrich – Diplomatie auf dem Rhein **29**
Hans Paul Müller: Oberländer und Bönder **31**
Hans Paul Müller: Die Siegschnecke **37**
Manfred Spata: Der Rhein in alten Karten **39**
Rainer Krippendorff: Das Kemper Werth – Die Geschichte einer versunkenen Insel **42**
Alexander Brüggemann: Bürgermeister grüßt Kaiserin **46**
Heinz-Peter Ebert: Kosaken in Vilich – November 1813 **47**
Helmut Vogt: Beuel in der Zeit der Rheinromantik **50**
Dieter Noth: Ernst-Moritz Arndt – Der Rhein gibt und nimmt **53**
Dieter Noth: Gottfried und Johanna Kinkel – Des Stromes und der Liebe Wellen **55**
Hans Paul Müller: Vom Beginn der Dampf- und Schleppschifffahrt **57**
Hans Paul Müller: Die Gründungen der Linien-Schifffahrt-Gesellschaften **61**
Alexander Brüggemann: Die Brüder Boisserée und die königliche Abreise **66**
Michael Vaupel: England und die Rheinromantik **68**
Sylva Harst: Goethes nasser Arsch in Bonn **71**
Hans Paul Müller: Von der „Beueler Platte“ und dem „Rheindorfer Loch“...**73**
Wolfgang Zimmer: Der Rhein als Konjunkturmotor der Beueler Industrie **79**
Sylva Harst: Das Trajekt **86**
Alexander Brüggemann: Adelheid – Vollgas rheinaufwärts nach Vilich **94**
Ursula Becker: Der Einsturz der ehemaligen Pfarrkirche St. Paulus **96**

Manfred Spata: Das Rheinhochwasser 1784 und
der Kurfürst Maximilian Friedrich **101**
Manfred Spata: Familie Beethoven und der Rhein **103**
Gabriele Wasser: Die wundersame Bestattung
der Fradelche Kassel **105**
Sylva Harst: Von Wäschern, Fischern, Schiffersleuten **107**
Sylva Harst: Der Schiffer-Verein Beuel 1862 –
einst und jetzt **114**
Patty Burgunder: Vom „Beueler Duft“ und
den „Beueler Weibern“ **121**
Theodor Zens: Die Anfänge der Ruderei in Bonn **126**
Hans Paul Müller: Wo liegt Beuel? **127**
Hermann Messinger (†): Die alte Bonn-Beueler Rheinbrücke
und das Bonner Bröckemännche **128**
Theodor Zens: „De Busche Wellem“ und
seine Majestät Kaiser Wilhelm II. **135**
Inke Kuster: Mit allen Wassern gewaschen – Flussbadeanstalten **137**
Hans Paul Müller: Ein Nobelpreisträger und
die Lichter von Beuel **141**
Michael Vaupel: Der weiße Wal **143**
Helga Zinsmeister: Als ein Walross und
ein großer Vogel Bonn besuchten **147**
Margret Müller: Der historische Myriameterstein
auf dem Kemper Werth **151**
Dieter Noth,: Elly Ney – Abhärtung für ein langes Leben **154**
Sabine Harling: Vom Beueler Strandbad **156**
Ulrike Engels: Tragödie am Schiffsanleger in Bonn **160**
Karin Büchel: Der Jupp, der Benno und der Rhein **164**
Claudia Knöfel: Flöße, Kähne, Schwimmanstalten –
Der Mondorf-Bergheimer Hafen in früheren Zeiten **169**

Danksagung **181**
Literatur **184**

Vorwort

Am 1. August 1969 wurde die selbständige Stadt Beuel im Zuge der kommunalen Neuordnung des Landes Nordrhein-Westfalen in die neue „Großstadt Bonn“ eingegliedert. Die postalische Bezeichnung lautete ab sofort 5302 Bonn. Der Name Beuel war verloren gegangen.

Aber dieser Stadtbezirk lebte und lebt weiter. Und das sehr intensiv. Um Beuel-Liebhabern die lange und abwechslungsreiche Geschichte unseres Stadtbezirks bewusst zu machen, habe ich mich entschlossen, Wissenswertes und Kurioses rund um Beuel zu sammeln und zu veröffentlichen. Dabei habe ich mich an das Beueler Stadtwappen gehalten, das ein Fährboot auf dem Rhein zeigt. So haben alle Beiträge einen direkten Bezug zum Rhein und dem Geschehen am und auf dem Strom zwischen Drachenfels und Sieg.

Beim Sammeln der Themen habe ich jedoch schnell gemerkt, dass diese Aufgabe wegen der Vielfalt der Ereignisse – angefangen von den Römern bis zur Jetztzeit – alleine nicht zu bewältigen war. Ich habe deshalb Freunde und Bekannte gebeten, das Schreiben einzelner Beiträge zu übernehmen. Dass ich nicht eine einzige Absage für mein Ansinnen bekommen habe, zeigt den tiefen Bezug der Beueler zu ihrer Heimatstadt.

Die Arbeit zu meiner Sammlung lag nun auf mehreren Schultern. Jeder Autor hat seinen Stil und seine Sichtweise. So sind die unterschiedlichen Beiträge entstanden, die – wie ich finde – diesem Buch seinen eigenen Reiz geben. Ich bin sicher, dass auch die alten Beueler in diesen Berichten noch Neues entdecken. An Anderes werden sie sich erinnern, im Stillen mit dem Kopf nicken und denken: ja, so war`s.

Letztendlich aber soll die Lektüre des Buches Freude machen und den einen oder anderen Leser anregen und ermutigen, sich mit der Geschichte von Beuel zu beschäftigen. Und allen möchte ich bewusst machen, dass wir – so altmodisch es auch klingt – auf einem gesegneten Fleckchen Erde leben.

Hans Paul Müller – Beuel, im Dezember 2019

Einleitung

Eine Bank in Beuel initiierte im September 1975 eine Ausstellung zum Thema: „Beuel – einst und jetzt". Den Eröffnungsvortrag hielt Prof. Dr. Heinrich Neu, Vorsitzender des Heimatvereins Beuel am Rhein. Beuel verdankt ihm sehr viel. Unermüdlich hat er sich für die Belange unserer Heimat eingesetzt.

Nach dem Zweiten Weltkrieg waren Schutz und Sicherheit ein Bedürfnis der Menschen. Und Prof. Neu wollte und hat uns die Augen geöffnet für die Schönheit und den Wert der Heimat. Immer wieder verwies er auf unser reiches kulturelles Erbe und versuchte zu retten, was nicht zerstört war.

Aus Achtung und Dankbarkeit soll jener Einführungsvortrag von Prof. Neu hier wiedergegeben werden und diesem Buch als Einleitung dienen.

Beuel – einst und jetzt

Dieses Land zwischen Rhein und Sieg hat eine ehrwürdige Vergangenheit, deren Zeugnisse mit dem Fund des Menschenpaares von Oberkassel beginnen, das heißt mit dem Jungpaläolithikum bzw. der Jungaltsteinzeit. Hier siedelten später Menschen in der vorgeschichtlichen Hallstattzeit. Eine wichtige Ost-Westverbindung führte bei Schwarzrheindorf seit vorgeschichtlicher Zeit über den Rhein.

Sie veranlasste die Römer, auf dem linken Rheinufer als Ausgangspunkt für militärische Operationen ein befestigtes Legionslager anzulegen, bei dem wiederum eine bürgerliche Siedlung entstand, die Vorläuferin des mittelalterlichen Bonn war. Auf dem rechten Rheinufer richteten die Römer einen Streifen für die Zwecke des Militärfiskus ein. Wir kennen den Namen, den sie diesem Weideland gaben: Aureliana.

Dann kamen als Siedler die Franken. Sie schufen seit dem 4. Jahrhundert in Schwarzrheindorf eine Siedlung, die mit einem Handelsplatz verbunden war. Das Land aber kam weitgehend in Königsbe-

sitz. Der König errichtete in Schwarzrheindorf in karolingischer Zeit eine Burg.

In Vilich entstand eine frühe Kirche, die Mittelpunkt einer Urpfarrei wurde. Bei der Kirche in Vilich stifteten Graf Megingoz und seine Gattin Gerberga, die Eltern der Heiligen Adelheid, im letzten Viertel des 10. Jahrhunderts ein Benediktinerinnenkloster. Die Burg in Schwarzrheindorf kam aus dem Königsbesitz an Arnold von Wied, der Reichskanzler war und als Arnold II. den Stuhl des Erzbischofs von Köln besteigen sollte. Er erbaute die berühmte 1151 geweihte Doppelkirche, ein Kleinod romanischer Baukunst, ausgestattet mit kostbaren Wandgemälden des 12. Jahrhunderts. Bei dieser Kirche gründeten die Geschwister Arnolds ebenfalls ein Benediktinerinnenkloster, das ebenso wie das Kloster in Vilich am Ende des Mittelalters in ein freiadeliges Kanonissenstift umgewandelt wurde.

Am südlichen Ende des späteren Stadtbereichs lag eine Burg der Grafen von Sayn, die Heinrich von Sayn in der ersten Hälfte des 13. Jahrhunderts dem Deutschen Ritter-Orden für die Errichtung einer Kommende, das heißt eines Ordenshauses, übergab. Diese Kommende blieb bis zum Beginn des 19. Jahrhunderts in der Hand des Ordens.

In diesem Gebiet entstanden seit der fränkischen Zeit Dorfsiedlungen, deren Bewohner vor allem vom Ackerbau und dem Weinbau lebten. Noch steht ein Teil der mittelalterlichen Burgen, die frühe in Limperich, die hochmittelalterlichen in Vilich und Vilich-Rheindorf. Auch wurden hier schöne Herrensitze erbaut. Vom Fleiß und Unternehmergeist vergangener Tage legt heute noch das 1785 errichtete Haus der begüterten Familie Mehlem Zeugnis ab, das neben der heutigen Kennedy-Brücke steht.

Im Vorfeld von Bonn entstand an der Stelle des heutigen Beuel eine stolze Festung, zuletzt Fort de Bourgogne genannt, um die bei den Belagerungen der Stadt bzw. der Festung Bonn heftig gekämpft wurde.

Seit dem Anfang des 19. Jahrhunderts hielt die Industrie ihren Einzug, beginnend mit der Errichtung einer Alaunhütte durch Leopold Bleibtreu auf der Hardt. Im Laufe des Jahrhunderts erlangte sie gro-

ße Bedeutung und bestimmte nun das Leben dieser einst agrarisch ausgerichteten Gegend. Die kleinen Dörfer machten immer mehr einer städtischen Entwicklung Platz, für deren Bedeutung die Verleihung der Stadtrechte an die Gemeinde Beuel im Jahre 1952 und schließlich die Eingemeindung in die Großstadt Bonn 1969 Zeugnis ablegen.

Professor Dr. Heinrich Neu (†)

Der älteste Beueler

von Sylva Harst

Der älteste Beueler ist 14.000 Jahre alt. Bei dem Alter kommt es auf ein paar Jahre mehr oder weniger nicht an. Er lebte in Oberkassel und ist damit ein eingemeindeter Beueler bzw. Bonner. Im Allgemeinen spricht man von *dem* Oberkasseler Menschen. Dabei sind es eigentlich zwei, ein Mann und eine Frau.

Dass wir sie kennen, verdanken wir der Aufmerksamkeit des Vorarbeiters Engelbert Nolden und seinem Chef Peter Uhrmacher. Letzterem gehörte der Steinbruch Stingenberg am Kuckstein. Das ist der südliche Vorsprung der Rabenley, ursprünglich „Casseler Ley", wie der Basaltrücken dort genannt wird.[1]

Die Familie Uhrmacher betrieb ihren Steinbruch am Stingenberg seit 1810. Gut hundert Jahre später, im Februar des Jahres 1914, hatte der Vorarbeiter Engelbert Nolden den Auftrag, einen neuen Weg für die Loren am Fuß der steilen Basaltwand anzulegen. Dabei stießen er und seine Arbeiter 6 m unter dem Hangschutt auf zwei Skelette. Nolden ließ die Arbeiten einstellen und informierte seinen Chef. Der wiederum zog den Lehrer Franz Kissel zu Rate.

Auf Veranlassung des Lehrers wandte sich Uhrmacher an die Bonner Universität, die am 21. Februar 1914 mit der Untersuchung der Fundstelle begann. Die Fundstelle war teilweise noch intakt. Eine erste kurze Grabung sicherte die Funde. Und die Wissenschaftler erkannten sofort, dass hier ein eiszeitliches Doppelgrab von herausragender Bedeutung entdeckt worden war. Der Erste Weltkrieg verzögerte die weiteren Forschungen, so dass es erst 1919 zu einer ersten Veröffentlichung über den Fund kam.[2]

---

1 Die Aussichtsplattform am Stingenberg in Bonn-Oberkassel: Menschheitsgeschichte und Kulturlandschaft am Rhein, Begleitheft zur Ausstellung 2014 im LVR-LandesMuseum Bonn

2 Joachim, Hans-Eckart: Bemerkenswerte vor- und frühgeschichtliche Funde und Fundstätten im rechtsrheinischen Bonn, Beiträge zu Denkmal und Geschichte im rechtsrheinischen Bonn, Heft 10, 2018, S. 11

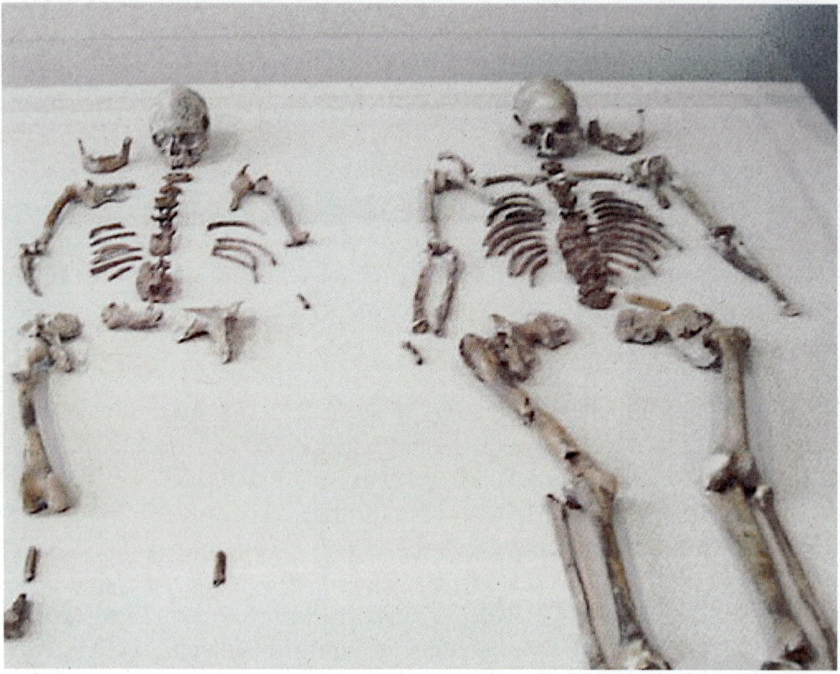

Die Oberkasseler Menschen im Rheinischen Landesmuseum Bonn
Foto: Hans Weingartz

Neben den beiden Skeletten waren Kunstgegenstände gefunden worden sowie Tierknochen. Die Untersuchungen in den vergangenen einhundert Jahren haben unsere Kenntnisse über unsere beiden Vorfahren so bereichert, dass sie nun geradezu leibhaftig vor uns stehen. Immerhin sind die beiden „anatomisch moderne Menschen", d.h. direkte Vorfahren von uns.

Die Oberkasseler Menschen lebten in einer sehr unruhigen Zeit. Es war zu einem gewaltigen Ausbruch des Laacher See Vulkans gekommen. Das hatte dazu geführt, dass das Neuwieder Becken und die Osteifel mit einer Bimssteinschicht, die stellenweise 30 m dick war, überzogen worden war. Dieser Bimsstein ist auch im Siebengebirge zu finden. Sicherlich hatte es auch Erdbeben bis in unsere Gegend gegeben.

Im Übrigen lebten unsere Urahnen wie wir in einer Zeit des klimatischen Umbruchs. Die letzte Eiszeit näherte sich ihrem Ende. Da die Vegetation länger braucht, um sich an klimatische Veränderungen anzupassen, wurde die Landschaft noch von Gräsern und Kräutern bestimmt. Die Sicht über das Land war weit und frei, der Rhein „ein verwilderter Fluss", breiter als heute.

Durch den Anstieg der Temperatur bildeten sich allmählich erste Wälder mit Birken. Am Rheinufer fanden Pappeln ihren Lebensraum. Die Kiefer kam erst später. Das Mammut hatte sich schon zurückgezogen bzw. war ausgestorben, und auch die Rentierherden waren in den Norden abgewandert. Aber Mangel an Nahrungsmitteln gab es wohl nicht. Denn die abwandernden Herden machten Platz für Neuankömmlinge wie Auerochsen, Rothirsche und Rehe. Das wertvollste und bedeutendste Tier war jedoch der Elch. Das zeigt sich vor allem in den künstlerischen Darstellungen, die wir heute noch bewundern können.

Es ist ein Kennzeichen des Menschen, dass er sich für Schönheit begeistern kann und seine Umwelt „schmücken" möchte. Unter den Grabbeigaben, die neben unserem Paar gesichert werden konnten, fand sich eine 9 cm lange dünne Platte aus Elchgeweih, die eine Elchkuh zeigt. Zu den Fundstücken gehörte auch ein ca. 20 cm langer Knochenstab, der mit einem geschnitzten Tierkopf verziert ist. Er sieht „einem Nagetier- oder Marderkopf am ähnlichsten".[3] Auch fanden sich die Vorderzähne eines Rothirschs, die wohl als Schmuckstücke zu sehen sind. Sicherlich hatten diese Darstellungen auch eine magische Bedeutung. Dafür spricht vor allem der Penisknochen eines Braunbären, der neben dem Paar lag.

Dass unsere Vorfahren nicht hungern mussten, verdankten sie vor allem der Erfindung von Pfeil und Bogen. Die gefundenen Pfeilspitzen bezeugen diese neuartige Jagdmethode. Daneben wurde wahrscheinlich auch noch die wohl bewährte Speerschleuder benutzt. Das aufgefundene Exemplar ist zwar nicht vollständig erhalten, zeigt aber ebenfalls eine Tierkopfschnitzerei.

---

[3] Professor Dr. Heinrich Neu: Die Vor- und Frühgeschichte des rechtsrheinischen Bonn (Stadtbezirk Beuel), Studien zur Heimatgeschichte des Stadtbezirks Bonn-Beuel, Heft 20, Bonn 1975, S. 9

Neben fleischlicher Nahrung gab es bei unseren Urahnen auch pflanzliche Kost. Zudem wurde der Speiseplan durch Vogeleier sowie Fische und Muscheln aus dem Rhein erweitert.

Dank der neuesten Forschungsmethoden wissen wir eine Menge über unsere Vorfahren. So sind unsere beiden „Imis", d.h. sie haben einen Migrationshintergrund, wie das heute heißt. Gesichert ist ihre Verwandtschaft mit den Saami, die heute im Norden Europas leben. Das Oberkasseler Paar ist in unterschiedlichen Regionen aufgewachsen, lebte dann aber eine längere Zeit bis zu seinem Tod im Rheinland.

Unser Urahn ist 35 bis 45 Jahre alt geworden, war ca. 1,68 m groß und hatte einen robusten Körperbau. Er hatte Schädelverletzungen und rechts einen verheilten Unterarmbruch. Was ihm sehr zu schaffen gemacht haben muss, war eine eitrige Entzündung im Unterkiefer. Im Oberkiefer fehlten ihm fast alle Zähne. Im Übrigen war er Rechtshänder.

Unsere Urahnin war dagegen Linkshänderin. Sie ist ungefähr 25 Jahre alt geworden, war ca. 1,58 m groß, grazil gebaut und hat mindestens ein Kind zur Welt gebracht. In welcher Beziehung die beiden standen, ist noch nicht zu sagen.

Interessant ist, dass sie schon einen Hund als Freund und treuen Begleiter hatten. Zunächst hatte man den Hund für einen Wolf gehalten. Aber das Tier war kein Jagdhelfer, denn es war jung und krank und hätte ohne die Hilfe des Menschen nicht überleben können. Die Oberkasseler Menschen gehören zu den ältesten Funden moderner Menschen in Deutschland. Dasselbe gilt für den mitbestatteten Hund, der wohl 7 oder 8 Monate alt war. Sie geben Auskunft über ein bedeutendes Stück Menschheitsgeschichte. Das Besondere an der Geschichte ist die Tatsache, dass unsere beiden Vorfahren darauf warten, dass wir ihnen einen Besuch abstatten und uns für sie interessieren. Im LVR-Landes-Museum in der Bonner Colmantstraße ist dies möglich.

„Bonns Schäl Sick“ oder aber „Bonns Sonnenseite“?

von Carl J. Bachem

Wenn es um Beuel geht, haben die Bonner einen Komplex. So richtig wissen sie mit der rechten Rheinseite nicht allzu viel anzufangen. Beuel ist fern. Und immerhin liegt es auch tatsächlich unmittelbar „am Rhein“, während das alte geschichtsträchtige Bonn weitab an Markt und Münsterplatz verortet ist: Den Fluss ins Stadtbild einzubeziehen, für Köln und Düsseldorf selbstverständlich, das ist den Bönnschen erstaunlicherweise nicht gelungen. So ist ihnen halt die rechte Rheinseite irgendwie suspekt, wenn nicht gar weithin unbekannt. Außer, dass dort irgendwo im Hinterland alljährlich der Pützchens Markt aufbrodelt, haben sie davon kaum eine Ahnung: terra incognita. Für die neuerdings hinter den Beueler Bahnhof reingeschmeckten Pantheon-Kabarettisten beginnt hier schon Sibirien. Was man nicht kennt – damit tut man sich bekanntlich schwer, hat gar Angst davor, beschwört es, redet es schön: „Sonnenseite Bonns“. – Oder aber, empfindlich und nervös, vermaledeit man es als „Schäl Sick“. Ist das aber tatsächlich so?

Der Rhein ist eine natürliche Grenze, eine Sperre, die bezwungen werden muss – wenn man sich Beuel annähern will. Sie ist es nicht nur physisch; mehr noch ist sie es psychologisch. Trotz Brücken und Bötchen – den Rhein zu überqueren, dagegen werden immer wieder innere Abwehrkräfte wach. Jeder Beueler, der es beispielsweise einmal im Bonner Stadthaus zu tun hat, wird dort damit konfrontiert. Die Distanz von einigen wenigen hundert Metern wirkt gefühlt wohl wie die von Kilometern. Ein innerer Widerwille ist ständig da. Es muss da irgendeinen Abwehrzauber geben …

Schon die alten Römer hatten sich mit der rechten Rheinseite schwergetan: Beuel blieb Teil des freien Germanien. Später hatten zwar die Kölner Kurfürsten Drachenfels und Wolkenburg in ihre Gewalt gebracht. Aber das Terrain von Beuel bis Oberkassel und landeinwärts bis Holzlar hatten sie den Herren von Sayn und später den

Herzögen von Berg (Hauptstadt Düsseldorf!) nicht entreißen können. (Nur im kleinen Vilicher Ländchen war es ihnen trickreich gelungen, die adeligen Stiftsdamen mit Geld zu ködern.) Auch Napoleon, der die linke Rheinseite seiner Republique Francaise einverleibte und damit das alte Bonn zu einer französischen Provinzstadt degradierte, ließ die rechte Seite so weit ungeschoren, dass dort weiterhin Deutsch geschrieben und gesprochen werden durfte. Für die Bonner war sie zu jener Zeit regelrechtes Ausland. Dort hausten die Fremden, denen man sich überlegen fühlte, die Barbaren halt. Der Rhein blieb in der napoleonischen Kontinentalsperre eine fruchtbare Schmugglerroute – die die furchtlosen Beueler weidlich zu nutzen verstanden. Erst die Preußen haben die beiden Rheinseiten – zum allerersten Mal in deren 2000-jährigen Geschichte – in einem gemeinsamen Staat vereinen können. Und seit 1969 ist die ehemalige Stadt Beuel, gemeinsam mit Oberkassel und Holzlar, über den Rhein hinweg rechtlich ein Teil des neuen Gesamtbonn geworden.

Den Rhein überqueren, sich Beuel annähern? Überheblich wie man ist, wenn man sich „auf der richtigen Seite“ dünkt: Wer will das schon? Allenfalls durchquert man das Beueler Terrain notgedrungen, um eiligst mit der Linie 66 zum „Bonner ICE-Bahnhof“ in Siegburg (!) zu gelangen. Oder vielleicht einmal nach Königswinter zum Drachenfels, wenn mal wieder Besuch aus dem Ausland da ist. Aber Schwarzrheindorf und Vilich zu besuchen – diese wahrhaftige Kulturmeile im Beueler Norden mit der nun doch berühmten Doppelkirche und mit St. Adelheids ehrwürdiger Grabeskirche – das kommt den Linksrheinischen nicht in den Sinn. Selbst die Bonner Stadtrundfahrten sparen diese Bonn-Identity aus. Wie genauso die vielen anderen Kleinodien, den idyllischen Reformierten-Friedhof von Holzlar beispielsweise, die von moderner Kunst durchflutete Wallfahrtskirche von Pützchen oder das älteste evangelische Gotteshaus Gesamtbonns (sic!) in Oberkassel oder die inzwischen weltberühmten Eiszeitmenschen von der Rabenlay oder auch nur den sagenumwobenen Möllestomp in Limperich. Die Bonner wissen halt nichts von deren Bedeutung. Oder denken wir an das Naturschutzgebiet der Siegmündung, an die Orchideenwiesen von Kohlkaul oder an die Waldoasen von Finkenberg und Ennert. Dass hinter dem Ennert einst Kohle, sogar unter Tage, abgebaut worden ist und dass dort mit ihrer frühen

Alaunfabrikation die heutige gesamtbonner Industriegeschichte beginnt.

Das alles kennt man jenseits des Rheins allenfalls vom Hörensagen, sofern man überhaupt hinhören will, wenn vom rechtsrheinischen Bonn die Rede ist. Oder weil halt die Bonner Zeitungen überraschend fleißig darüber berichten: Denn in Beuel sollen ja tatsächlich auch richtige Menschen leben! Übrigens glücklich und zufrieden sogar. Sie tun das auf eine ganze Reihe von Dörfern verstreut. 1952, bei Beuels Stadtwerdung, wurden derer offiziell dreizehn gezählt; seit 1969, dem Jahr der Eingemeindung, pardon: der „Kommunalen Neugliederung", sind es mit Holzlar, Hoholz om Berg und Oberkassel noch einige mehr geworden.

Für diese „Dörfer" als solche, in denen noch rheinisches Gemeinschaftsleben stattfindet und sogar noch die Muttersprache Platt gepflegt wird, dafür interessieren sich freilich die, die sich für „die echten Bonner" halten, nicht die Bohne. Wer auf der linken Rheinseite wohnt, wähnt sich eher darüber erhaben. Er sieht sich in der Nachfolge des legendären Märtyrertums von Cassius und Florentius, fühlt sich in der Tradition des kurfürstlichen Hofstaats, reklamiert für sich das akademische Milieu der Universitätsstadt oder neuerdings die Weltläufigkeit einer UN-Filiale, oder er pflegt gar den Dünkel eines schnöden Ministerialbeamtentums. Kurz, er wähnt sich als „feiner Städter", dem agrarischen und gewerblich orientierten Umland weit voraus.

In Wahrheit ist das aber doch alles längst passé. Und so bleibt heute im Kern nur die Unsicherheit gegenüber dem, was man nicht kennt. Man glaubt sich zu schützen, indem man sich hinter dem pejorativen „Schäl Sick" verbirgt – oder aus feiger Verlegenheit „Bonns Sonnenseite" zu rühmen wagt, wobei man solches in Wahrheit eher als Euphemismus versteht.

Die Menschen auf der rechten Rheinseite lassen sich indessen von solch kryptischem Distanzgehabe nicht beeindrucken. Selbstbewusst und dennoch bescheiden, sind sie sich seit jeher auch selbst genug. Vor allem lassen sie sich keine fremden Traditionen überstülpen. Und mit den vermeintlich großen Hunden laufen, das wollen sie schon gar nicht. Wenn schon Monarchie, dann reicht ´ne Wäscherprinzessin, und wenn schon Tradition, dann reicht der Schifferverein. Und sie bilden sich auch überhaupt nichts darauf ein, dass der junge van Beethoven in Vilich die Stiftsorgel gespielt haben soll, dass der Bonner Student Heinrich Heine von der Rheindorfer Pappelallee besessen war, dass ein Konrad Adenauer aus dem lothringischen Mirecourt die Schwarzrheindorfer Glocke wieder heimgebracht hat und dass Papst Benedikt XVI., als er noch Bonner Professor war, das Russenei in einer Beueler Schenke für das beste der Welt gehalten hat … – Richtig stolz sind sie nur auf die Heilige Adelheid von Vilich. Denn diese, seit 2008 gesamtbonner Stadtpatronin, hat hier nun wirklich auch gelebt, während man hinsichtlich einer Realexistenz der beiden altbonner Stadtheiligen bekanntlich nicht ganz so sicher sein kann.

Ernst Meurer (1883-1956): „Beueler Hafen mit Blick auf die alte Bonn-Beueler Rheinbrücke“ – aquarellierte Arbeitsskizze

Tatsächlich aber muss für „das alte Bonn“ das rechtsrheinische Gegenüber dennoch immer wichtig und von gewissem Wert gewesen sein. Jahrhundertelang haben die Kurfürsten die Beueler Dörfer für ihre dortigen Festungswerke platt gemacht. Und sie haben sich nicht davor gescheut, die weitere Umgebung immer wieder der Plünderung durch die anstürmende Soldateska preiszugeben. Dies macht ein schlechtes Gewissen, das bis heute nachwirken mag: Beuel, was habe ich Dir angetan?

Martin Frey: „Beueler Hafen mit Blick auf die neue Bonn-Beueler Rheinbrücke" 1957– kolorierte Bleistiftzeichnung Sammlung H. P. Müller

Seit dem frühen 19. Jahrhundert hielten sich dann Egoismus und eine gewisse Art von Altruismus die Waage. Sich über den Rhein hinweg ausdehnen, ja, das wollte man schon. An den sich entwickelnden Wohnquartieren Combahns war man interessiert und an den weiten Gewerbeflächen nach Osten auch. Dazu aber wirklich den Rhein überqueren? In diesen Sauer-Apfel musste man schon beißen. Und so scheute man 1898 selbst vor dem Wagnis eines Brückenschlages nach Beuel nicht zurück – um später der Welt das Märchen aufzubinden, die Beueler hätten sich vor ihrem Kostenanteil gedrückt. Sogar das Hinterteil haben sie den Beuelern hingehalten, nicht unbedingt die vornehme Art! Was aber wäre Beuels Geschichte ohne die Story vom Brückenmännchen – auch wenn diese rundherum bönnscher Phantasie entsprungen ist! Denn das, was der Beueler Gemeinderat, damals ein Consilium von Bauern, Handwerkern und kleinen Geschäftsleuten, dem Bonner Stadtrat, zur Hälfte waren das Universitätsprofessoren, zugesagt hatte, wurde auf das Komma genau eingehalten: Die auf einem künstlichen Damm durch die vormalige Überschwemmungssenke geführte Verbindungsstraße zum Staatsbahnhof haben die Beueler auf ihre Kosten errichtet. Genau das war es, was sie zugesagt hatten, nicht mehr und nicht weniger! Während die Beueler souverän mit der Mär vom „Bröckemännche" umzugehen wissen, – eine bessere PR hätte man sich auch selber kaum einfallen lassen können! – werden die Bonner bis heute von ihrer bösen Erinnerung geplagt.

Die Deklaration „Sonnenseite Bonns"! – Ausdruck schlechten Gewissens? Versuch der Wiedergutmachung? Das ist der Komplex, den die linksrheinischen Bonner bis heute umtreibt – wenn es um Beuel, wenn es um das rechtsrheinische Bonn geht. Verbirgt sich aber dahinter nicht auch eine Chance der Annäherung? Neuerdings kaufen die Bonner doch auf der rechten Seite die flussnahen Grundstücke auf, um dort hohe Häuser zu errichten, von denen sie auf ihr geliebtes Bonn hinüberschauen mögen. Wenn sie auch mit dem „Beueler Bötchen" immer schnell dorthin entfliehen können – allmählich beginnen die ersten, in Beuel Wurzeln zu schlagen. Und so könnte die „Schäl Sick" im blendenden Licht der Abendsonne am Ende noch nach drüben wandern.

Die Römer und der Rhein

von Hans Paul Müller

„An einem Strom geboren zu werden, im Bannkreis eines großen Flusses aufzuwachsen, ist ein besonderes Geschenk.“

– Carl Zuckmayer

Warum ist es am Rhein so schön? Es ist wenig wahrscheinlich, dass der römische Staatsmann und Feldherr Gaius Julius Caesar (100 - 44 v. Chr.) sich diese Frage gestellt hat, als er das erste Mal Vater Rhein erblickte. Wir wissen es nicht. Was wir aber wissen, ist die Einteilung, die Caesar vornahm: Das linksrheinische Gebiet nannte er Gallien, das rechtsrheinische Germanien. Die Grenze: Der Rhein.

Weil ihm das rechte Rheinufer mit seinen dunklen Urwäldern und Sumpfgebieten nicht geheuer erschien und die Bewohner als unzivilisiert und kriegerisch galten, beschränkte sich Caesar bei seinem Eroberungsfeldzug zunächst auf Gallien. Die Leidtragenden waren natürlich in erster Linie die dort ansässigen Kelten. Aber auch viele Jahrhunderte später sollen manche Schüler darunter gelitten haben – weil sie Caesars *De bello Gallico* („Vom Gallischen Krieg“) im Lateinunterricht übersetzen mussten.

Nachdem die Römer Gallien erobert und dabei ganze Völkerstämme fast vernichtet (Eburonen) oder befreundete umgesiedelt (Ubier) hatten, wurden die neu eroberten Gebiete gesichert. Dazu wurden entlang des Rheins von den Römern wohl über 50 Kastelle errichtet – darunter auch in Bonn. Zudem wurde die neue Grenze durch eine römische Flotte auf dem Rhein gesichert.

Im Zuge der Kriegshandlungen mit den Galliern kam Caesar wiederholt mit Germanen in Kontakt. Auch wenn der Rhein die Grenze sein sollte, überschritt Caesar mit seinen Truppen im Jahr 55 v. Chr. erstmals den Rhein, um auch auf der rechten Rheinseite römische Präsenz zu zeigen. Ob der Rheinübergang Caesars im Raum Bonn und dem Schwarzrheindorfer Ortsteil Gensem erfolgte, ist umstritten. Der Bonner Historiker und Autor Manfred van Rey verweist darauf, dass diese Lokalisierung des Rheinübergangs Caesars im Bonner Raum „lange Zeit und neuerdings wieder“ vertreten wird. (Bonn 2000, Der Kalender zum Jubiläumsjahr, S. 9/10, Bonn 1988)

Der erste Rheinübergang Caesars

Besagter Rheinübergang Caesars erfolgte im Rahmen einer Strafexpedition gegen den germanischen Stamm der Sugambrer. Diese bewohnten das Land von der Sieg bis zur Lippe und hatten den germanischen Stämmen der Usipeter und Tenkterer Zuflucht gewährt. Letztere waren bei kriegerischen Auseinandersetzungen von Caesars Truppen geschlagen und verfolgt worden.

Entsprechend forderte Caesar von den Sugambrern, ihm die Usipeter und Tenkterer auszuliefern. Nachdem die Antwort sinngemäß lautete, dass am Rhein Roms Herrschaft aufhöre, verließ Caesar den Weg der Diplomatie und ließ seine Pioniere in nur zehn Tagen eine hölzerne Pfahljochbrücke über den Rhein schlagen. Danach konnte Caesar standesgemäß trockenen Fußes mit seinem Heer in das Stammesgebiet der Sugambrer eindringen.

Zu kriegerischen Auseinandersetzungen kam es indes nicht, weil sich die Sugambrer nach Warnungen vor der überlegenen Kampfkraft des römischen Heeres in ihre ostwärts gelegenen Wälder zurückgezogen hatten. Insofern beschränkten sich die Römer darauf, „verbrannte Erde“ zu hinterlassen: Die verlassenen Dörfer der Sugambrer wurden eingeäschert und deren Felder abgeerntet. Sobald das geschehen war, zogen sich die Römer auf das linke Rheinufer zurück – danach wurde die zuvor erbaute hölzerne Brücke wieder zerstört.

Caesar, die Germanen und der Rhein

Interessant sind die Anmerkungen, die Caesar über die Germanen verfasste. So schrieb er unter anderem: „Ihr ganzes Leben ist zwischen Jagd und Waffenübungen aufgeteilt. Von Jugend auf härten sie sich zu Arbeiten und Strapazen ab. Je länger man unverheiratet bleibt, desto rühmlicher ist es. Dadurch wird man nach ihrer Meinung groß, stark und eisennervig." Und weiter: „Umgang mit Weibern vor dem zwanzigsten Jahr ist ihre größte Schande."

Nun ist bekannt, dass ein großer Feldherr sich gerne noch größer machen will, indem er seine Gegner als besonders gefährlich darstellt. Üblich ist bei einer solchen Vorgehensweise (nicht nur im Fall von Caesar) auch, dass der Gegner so beschrieben wird, als habe er keine Kultur. Auf diese Weise soll die eigene Kriegsführung legitimiert und heroisiert werden. Doch andere Quellen schildern die Germanen keineswegs als völlig kulturferne wilde Barbaren. So schrieb etwa Tacitus, dass unter den Germanen die Einehe verbreitet war, was als Ausnahme unter den barbarischen Stämmen der Antike galt.

Berichtet wird, dass die Germanen den Rhein mit Einbäumen aus ausgehöhlten Eichenstämmen befahren haben. Die Boote – die mit Stechpaddel oder durch Staken fortbewegt wurden – sollen bis zu zwanzig Mann Besatzung gehabt haben. Zudem wird berichtet, dass die Germanen auch kleinere Boote besaßen, die aus Weidenruten geflochten und mit Fellen bespannt waren. Mit diesen befuhren sie die Nebenflüsse des Rheins wie Sieg und Lahn und gingen dort auf Fischfang.

Von den Römern lernten die Germanen das Rudern mittels aufliegender Ruder. Später unterwiesen manche Römer die Germanen dann in der Kunst des Schiffsbaus. Die Germanen nutzten dies aus, indem sie nach dem Bau eigener Schiffe linksrheinisch gelegene römische Siedlungen überfielen. Vor diesem Hintergrund ist es wenig verwunderlich, dass Drusus daraufhin seinen Römern bei Todesstrafe untersagte, die Germanen weiterhin in der Kunst des Schiffsbaus zu unterweisen.

Einer der Nachfolger Caesars war Nero Claudius Drusus, der von 38 - 9 v. Chr. lebte und mehrere Feldzüge gegen die Germanen führte. Er war ein Stiefsohn des römischen Kaisers Augustus. Zur weiteren Sicherung der Rheingrenze hatten die Römer rechtsrheinisch eine Pufferzone bis an den Rand des Bergischen Landes eingerichtet. Auch das rechtsrheinische Umfeld von Bonn stand als Militärterritorium unter römischem Einfluss. Dieses Gebiet wurde von der in

Bonn stationierten römischen Legion kontrolliert und auch wirtschaftlich genutzt.

Die Drusus Brücke

Nach Lucius A. Florus, einem römischen Schriftsteller, verband der römische Feldherr Drusus um das Jahr 11 v. Chr. die beiden Rheinufer: „Bonna und Gesonia vereinigte er mit Brücken und verstärkte sie mit einer Flotte."

Dass mit Bonna Bonn gemeint ist, „da sind sich die Forscher heute sicher" (Rudolf Zewell, „Kleine Bonner Stadtgeschichte", S. 16, Regensburg 2007). Ob mit Gesonia jedoch das rechtsrheinische Gensem, eine fränkische Gründung, gemeint ist, darüber streiten sich die Gelehrten. Ursache für die Unklarheit ist der Umstand, dass die Original-Dokumente von Florus verloren gegangen sind. Die Abschriften weisen wiederum unterschiedliche Ortsnamen vor. So gibt es dort z. B. statt der Schreibweise „Gesonia" auch Gesogia oder Gonosia. Einige Wissenschaftler glauben daraus den an der französischen Kanalküste gelegenen Ort Boulogne-sur-Mer erkennen zu können.

Nicht nur aus Gründen des Lokalpatriotismus, sondern mehr noch aus Gründen des gesunden Menschenverstands schlagen wir uns natürlich auf die Seite derer, die den Brückenschlag über den Rhein in unserer Region vermuten. Dazu die Heimatforscher Bursch und Passmann: „Denn wo findet man auf der ganzen Rheinlinie zwei Orte, die auf beiden Ufern des Flusses so nah beieinander liegen und heute noch so ähnlich wie Bonna und Gesonia heißen?" Und der gefeierte Historiker Paul Clemen, Mitbegründer der deutschen und europäischen Denkmalpflege, schreibt dazu kurz und bestimmt: „Gesoniacum ist das heutige Gensem an der Siegmündung." (Die Kunstdenkmäler der Stadt Bonn und des Kreises, S. 636, Düsseldorf 1905)

Auch militärische und wirtschaftliche Gründe sprechen für die Errichtung der Brücke an dieser Stelle. Denn von dort aus konnte der Übergang einer bedeutenden Handelsstraße aus dem Siegerland kommend – wo Eisenerze gewonnen wurden – gesichert werden. Die dort lebenden Kelten sollen bereits über Kenntnisse zur Verhüttung von Eisenerzen verfügt haben. Das gewonnene Eisen soll von relativ guter Qualität gewesen und vor allem in das Römische Imperium exportiert worden sein. Ein Brückenschlag an dieser strategisch wichtigen Handelsroute ist insofern durchaus wahrscheinlich.

Was außerdem für den Brückenschlag zwischen Bonn und Gensem spricht

Für den Brückenschlag zwischen Bonn und Gensem spricht auch, dass an dieser Stelle des Rheines seit jeher eine Furt bestand und dass das Rheinbett von Inseln und Sandbänken durchzogen war. Dies waren günstige Voraussetzungen für römische Brückenbau-Pioniere.

German H. C. Maaßen schrieb 1890 von einem ehemaligen Rheinarm in Gensem, der als Hafen eingerichtet war und unter dem Schutz des ca. 200 Meter entfernten Kleinkastells Gesonia stand. An dieser Stelle soll später – im 9. Jahrhundert – ein karolingischer König eine Burg errichtet haben. Heute steht dort die Schwarzrheindorfer Doppelkirche. Maaßen schrieb dazu: „Der tausend Meter lange, sechzig Meter breite Rheinarm, der einst bei Gensem, Bonn gegenüber, den Siegfluss an dessen Mündung erreichte, konnte einige fünfzig Schiffe aufnehmen." Und weiter: „So war es in der längst entschwundenen Römerzeit." Wenn also Florus schreibt, dass die Brücke über den Rhein durch Schiffe geschützt wurde, so spricht einiges dafür, dass diese in dem von Maaßen erwähnten römischen Hafen vor Anker gegangen sind.

Doch Flüsse trennen nicht auf Dauer – sie verbinden vielmehr. Schon bald diente der Rhein als Handels- und Verkehrsstraße, und die Menschen diesseits und jenseits des Rheins vermischten sich. Dieses „Vermischen" war die Geburtsstunde des „Rheinländers", der „Völkermühle Europas", wie es in Carl Zuckmayers „Des Teufels General" heißt. Auch die „Bläck Föös" haben dies später in ihrem Lied „Unsere Stammbaum" treffend fortgeschrieben.

Aber zurück zur Schifffahrt der Römer

Hierzu schreibt Karl-Heinz Zimmer, Kurator der Ausstellung „2000 Jahre Schifffahrt auf der Mosel" in Trier im Jahre 2014: *Um das bald aufblühende linksrheinische Gallien vor räuberischen Überfällen der Germanen zu schützen, wurde schon 13 v. Chr. eine Kriegsflotte, die* Classis Germanica *gegründet, deren Hauptstützpunkt in Köln angesiedelt wurde. Sie betrieb von dort und weiteren Häfen wie Bonn aus mit regelmäßigen Patrouillenfahrten ihrer Kriegsschiffe die Grenzsicherung.*

Zur Versorgung der Grenzgarnisonen und der in deren Umfeld schnell wachsenden Siedlungen und Städte setzte bald eine organisierte Handelsschifffahrt auf dem Rhein und seinem größten Nebenfluss der Mosel ein, denn über Rhone, Saône und Mosel lief ein Hauptversorgungsstrang für mittelmeerische Waren. Die Kaufmannsgüter wurden mit wendigen bauchigen Güterschiffen mit spitzem hochgezogenen Bug und Heck, die bis 10 Tonnen laden konnten, transportiert. Diese Schiffe wurden „zu Tal" gerudert und gestakt und „zu Berg" getreidelt, also von Schifferknechten gezogen." Die römische Flotte – Kriegs- und Handelsschiffe zusammen – soll eine Stärke von rund 1.300 Schiffen gehabt haben.

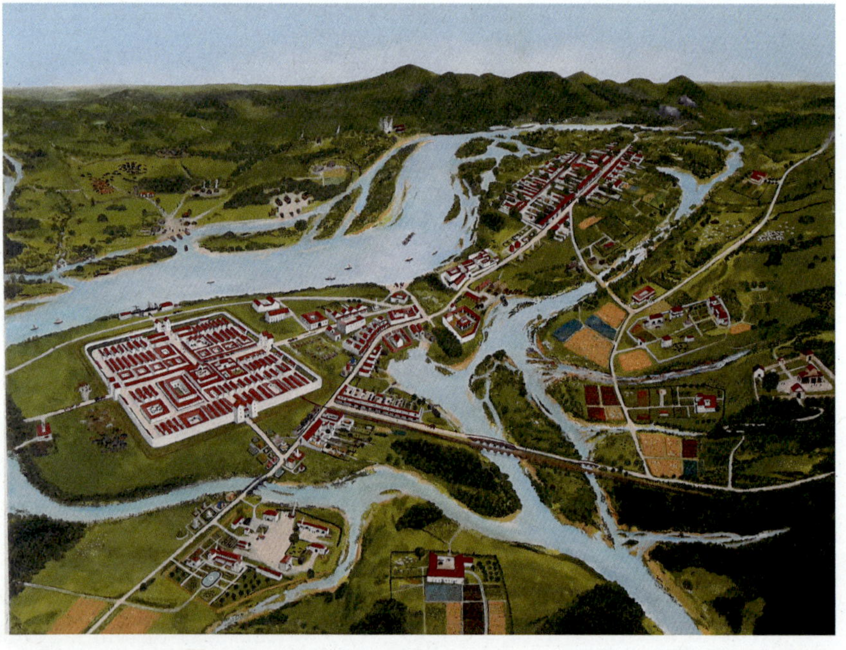

Harald Biersch: „Römisches Bonn 180 n. Chr."
Acryl auf Leinwand, 2019, Privatbesitz

Bonner Legionslager mit 7.000 Legionären und 10.000 Zivilisten

Alleine im Bonner Legionslager (*Castra Bonnensis*) galt es im 1. Jahrhundert n. Chr. ca. 7.000 Legionäre sowie die Lagervorstadt mit annähernd etwa 10.000 Menschen zu versorgen. Dort fanden sich Handwerker, Kaufleute, Wirte, Bordellbetreiber sowie die Familien der Legionäre. Hinzu kamen zuziehende Gallier und Germanen mit ihren Familien, welche die Annehmlichkeiten der römischen Zivilisation zu schätzen gelernt hatten.

Wie die Schiffe des Altertums aussahen, lässt sich auch an dem in Stein gemeißelten „Neumagener Weinschiff" erkennen. Es ist das Grabmal eines römischen Weinhändlers an der Mosel. Das „Weinschiff" ist ein kleines Flusshandelsschiff mit offenem Oberdeck (d.h. ohne Kabine). Diese Art von Schiffen wurde nicht für längere Fahrten genutzt.

Das Neumagener Weinschiff – Foto: Hans Weingartz

Am Bug und Heck des Weinschiffs ist jeweils ein abwehrender Tierkopf angebracht, wie wir es von den sehr viel späteren Wikingerschiffen kennen. Auf dem Deck sind Weinfässer für den Transport auf Rhein und Mosel festgezurrt. An der Seite sitzen sechs Ruderer und hinten etwas erhöht der Steuermann. Schiffe dieser Art konnten eine Länge von bis zu 50 Metern erreichen. Die Ladekapazität lag bei bis zu fünf Tonnen.

Wer weiß, ob das „Neumagener Weinschiff" auch in *Castra Bonnensis* anlegte und guten Moselwein lieferte. Und wer weiß schon, ob einige heutige Bonner nur deshalb existieren, weil eben dieser Wein damals ihre Vorfahren zusammenbrachte. Egal ob Kelten, Germanen oder Römer. Allesamt bereits damals echte Rheinländer.

Karl und Heinrich – Diplomatie auf dem Rhein

von Alexander Brüggemann

Kennen Sie Hinz und Kunz? Das waren Heinrich und Konrad – sozusagen die Müllers und Schmitz des Mittelalters. Allerdings: Hinz und Kunz, so hieß man selbst bei Königens.

Den Bewohnern von Schwarzrheindorf und Bonn bot sich ein wahrhaft historisches Schauspiel an jenem 7. November 921 – und sie werden schön lange Hälse gemacht haben. Hier trafen sich, mitten auf dem Rhein, zwei Könige, um ihren Frieden miteinander zu machen: Karl, von der Nachwelt „der Einfältige" genannt, Urenkel Karls des Großen und König des Westfrankenreiches, Vorläufer des heutigen Frankreich. Und König Heinrich I., genannt „der Vogler"; er herrschte seit 919 über das Ostfrankenreich, dem Vorläufer des deutschen Reiches.

Es war eine Begegnung unter Gleichen – aber eben doch nicht ganz. Karl war ein direkter Nachfahr des einstigen Reichsgründers: ein Karolinger. Im Osten dagegen war das Geschlecht 911 ausgestorben – und der Sachse Heinrich war der Wahlkönig der deutschen Stämme. In Karls Augen ein Emporkömmling – doch machtpolitisch hatte Heinrich die deutlich besseren Karten auf der Hand. Der mittlere Reichsteil Lothringen hatte sich eben wieder auf seine Seite geschlagen.

Ein Ausgleich zwischen den beiden Misstrauischen musste her – ohne Gesichtsverlust für die eine oder andere Seite. Und so traf man sich am Rhein, damals der Grenzfluss zwischen den beiden Reichen. Karl logierte für vier Tage mit großem Gefolge auf der Höhe des einstigen Römerlagers, Heinrich in einem Königshof auf der Höhe von Schwarzrheindorf, etwa dort, wo 200 Jahre später die Doppelkirche entstehen sollte.

Protokollarisch verfiel man auf einen Kniff: Damit niemand das Territorium des Anderen betreten musste, bestiegen am Ende beide Herrscher ihre Schiffe und wurden in die Mitte des Flusses gebracht, wo bereits ein neutrales drittes Boot zur Vertragsunterzeichnung wartete. Der Rhein wurde mit Handschlag und Bruderkuss als Grenze festgeschrieben. So etwas hatte man hier noch nicht gesehen, weder links noch rechts des Rheins.

Politisch war dem Vertrag von Bonn nur ein äußerst kurzes Leben beschieden. Das Blatt wendete sich schon bald zu Heinrichs Gunsten, der schon 923 den Rhein überschritt und die linken Rheinlande in Besitz nahm. Historisch vereinfacht gesagt: Bonn wurde deutsch – und hörte auf, Grenzstadt zu sein.

Oberländer und Bönder

von Hans Paul Müller

„Was für Redner sind wir nicht,
wenn der Rheinwein aus uns spricht.“

– Gotthold Ephraim Lessing

Nach dem Untergang des Weströmischen Reiches ging auch die Schifffahrt auf dem Rhein zunächst deutlich zurück. Von den nach den Römern bis ins Spätmittelalter eingesetzten Schiffen sind keine Darstellungen überliefert – es lässt sich immerhin schätzen, dass diese eine Tragfähigkeit von maximal 40 Zentnern hatten.

Ab dem Ende des 15. Jahrhunderts änderte sich das grundlegend, als ein geklinkertes Schiff auf dem Rhein auftauchte und verstärkt eingesetzt wurde: der sogenannte *Oberländer*. Dieser heute kaum noch bekannte Schiffstyp setzte sich damals schnell auf dem Mittelrhein durch. Seine Konstruktion stellte viele der bis dahin geltenden Schiffsbauregeln auf den Kopf. So zeigte der *Oberländer* eine Trapezkonstruktion mit hochgezogenem Heck und niedrigem Bug.

Die Länge eines typischen *Oberländers* betrug um die 25 Meter, die Breite vorne ca. 3,5 Meter und hinten bis zu 6,5 Meter. In Bezug auf die angegebenen Maße gilt es allerdings zu beachten, dass sich diese im Laufe der Zeit durchaus deutlich veränderten. Die Weiterentwicklung des *Oberländers* ging schließlich in mehreren Stufen vom 15. Jahrhundert an bis zur Mitte des 18. Jahrhunderts vonstatten. So gab es *Oberländer* mit zunächst nur 15 - 20 Meter Länge, später dann eher 25 - 30 Meter. Die Grundform wurde indes stets beibehalten. Die Tragfähigkeit erreichte später 100 - 120 Tonnen.

Wenn der *Oberländer* mit seinem flachen und niedrigen Bug in die hoch gefährlichen Stromschnellen des Mittelrheins eintauchte, konnten die Wasserkräfte viel leichter am flachen Unterbug und an den Schiffsseitenwänden abgleiten. Der flache Schiffsboden und die kurze Bauweise machten den *Oberländer* zudem wendiger. Der niedrige Bug ermöglichte es, über diesen am Strand ein- und auszuladen.

Oberländer, Ausschnitt aus dem Woensam-Prospekt von Köln 1531

Für den Schiffer – auch „Baas" genannt – gab es unter dem hochgezogenen Heck eine Unterkunft. Eine Mannschaftsunterkunft hingegen existierte nicht. Lange nutzte der *Oberländer* keine Segelkraft. Eine Takelung mit Rahsegel war erst Anfang des 17. Jahrhunderts festzustellen. Talwärts wurde üblicherweise gerudert und bergwärts getreidelt. Der *Oberländer* diente vorrangig für die große Fahrt zwischen Mainz und Köln und war vom Mittelalter bis in die Frühe Neuzeit das wichtigste Frachtschiff auf dem Mittelrhein.

Wie in Köln das Oberländer Ufer zu seinem Namen kam

Die Fahrt endete flussabwärts wegen des Stapelrechts in Köln. Dort wurden die Waren, die nicht vor Ort verkauft wurden, in die sogenannten Niederländer umgeladen. Diese Schiffstypen waren bauchiger und hatten üblicherweise eine größere Ladekapazität. Entsprechend wurden die ankommenden Schiffe = *Oberländer* am „Oberländer Ufer“ entladen. Am rheinabwärts gelegenen „Niederländer Ufer“ wurden dann wiederum Waren auf die *Niederländer* umgeladen.

Niederländer Rheinschiff unter den Mauern von Köln
Ausschnitt aus dem Woensam-Prospekt von Köln 1531

Vom Oberländer zum Bönder

Der *Oberländer* wurde im 18. Jahrhundert mehr und mehr vom sogenannten *Bönder* abgelöst. Dieser war den moderneren Anforderungen besser gewachsen. Es handelte sich beim *Bönder* um eine abgewandelte Form der niederländischen *Samoreusen.* Die Ladefähigkeit erreichte 400 Tonnen, und damit konnte der *Oberländer* nicht annähernd mithalten. Die *Bönder* erreichten bis zu 36 Meter Länge und ca. 6,4 Meter Breite.

Bis zum Ende des 19. Jahrhunderts blieb der *Bönder* das vorherrschende Transportschiff auf dem Mittelrhein. Es handelte sich um den einzigen Typ der rheinischen Transportschiffe, der zunächst auch vom Eisenschiffbau übernommen wurde.

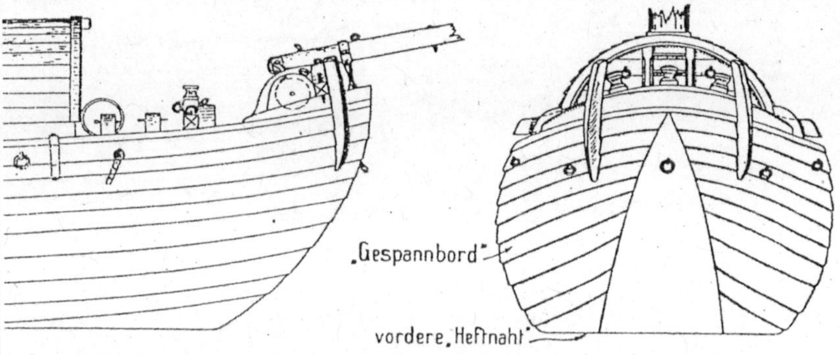

Die Bugausbildung des Bönders um 1740. Beueler Bauart.
Nach einem alten zeitgenössischen Werftmodell aufgenommen.

Zeichnung entnommen der Dissertation von Kurt Schwarz
Köln 1928

Die größten Werften am Mittelrhein – in Beuel und den Dörfern an der Siegmündung

Sehr interessant wird es für Beueler und Mondorfer im Hinblick auf die Werften, auf denen *Oberländer* und *Bönder* hergestellt wurden. Denn laut Kurt Schwarz und Werner Böcking befanden sich bereits beim *Oberländer* die wichtigsten Werften „in Beuel bei Bonn", zudem wird auf Vilzbach bei Mainz und auf die Kölner Rheinau-Insel verwiesen.

Beim *Bönde*r wird es dann noch eindeutiger. Da es sich beim *Bönder* letztlich um eine Variante der niederländischen *Samoreusen* handelte, waren es auch zuerst holländische Schiffsbauer, die diesen

Schiffstyp am Mittelrhein bauten. „Die Werften lagen an der Siegmündung“, so Werner Böcking in seinem Standardwerk der Rheinschifffahrt. Sie zogen dazu den Rhein herauf und fanden an der Siegmündung günstige Bedingungen vor. Dort gab es schließlich bis ins 19. Jahrhundert hinein einen regen Holzhandel. Dies wurde auch dadurch begünstigt, dass der Herzog von Berg für Mondorf von seinem Stapelrecht für Holz Gebrauch machte, wie es laut der Publikation „Flößerei auf dem Rhein“ (Hrsg. Siebengebirgsmuseum, Königswinter 1999) bereits aus dem Jahr 1579 überliefert ist.

Die „Bonner“ – eine kleinere Form der Bönder

Für die Werften in Beuel und an der Siegmündung waren die bereits vorhandenen Holzlager und Infrastrukturen natürlich ein großer Vorteil. Schiffe wurden damals eben dort gebaut, wo Holz war.

Wegen der Nähe zu Bonn wurden die in Beuel und an der Siegmündung gebauten *Bönder Beueler Bauart* auch *Bonner* genannt. In dem Entwurfsplan für den Kölner Hafen von 1810 waren neben Liegeplätzen für *Bönder* auch dreißig Liegeplätze für den kleineren *Bonner* vorgesehen.

Die größten Werften zum Bau der *Oberländer* und *Bönder* befanden sich somit in Beuel und den Dörfern an der Siegmündung. Doch wieso ist davon heute nichts mehr bekannt? Was ist mit den Resten dieser Werften? Zu beachten ist dabei, dass die *Oberländer* bzw. *Bonner* auf Sand oder Wiese gebaut wurden; es war also keine Helling zum Bau der Schiffe notwendig. Später, nach der Einstellung der Produktion, werden Hochwasser die Reste der Anlagen vernichtet haben. So verschwand mit den Resten der Werften auch die Erinnerung an die Zeit, als sich die größten Werften des Mittelrheins in Beuel und an der Siegmündung befanden.

Mit der immer stärker werdenden Industrialisierung begann sich dann auch der Schiffsbau wieder zu verändern. Im Jahr 1841 fuhr der erste eiserne Kahn auf dem Rhein, dem bald weitere und noch größere Schiffe folgten. Waren die ersten eisernen Schiffe noch vom Holztyp beeinflusst und erinnerten in ihren Formen an *Samoreusen* beziehungsweise *Bönder,* so entwickelten die bald gänzlich aus Eisen gebauten Schiffe schnell eigene Formen.

Die „Siegschnecke“

von Hans Paul Müller

Die Sieg, deren Unterlauf bis zum Ende des 18. Jahrhunderts parallel zum Rhein verlief und oberhalb der Mondorfer Bucht in den Rhein mündete, war bis ins frühe 19. Jahrhundert von Siegburg bis zur Mündung schiff- und flößbar. Da die Wassertiefe des Flusses gering war, hatte sich im späten Mittelalter eigens für dieses Revier ein besonderer Schiffstyp entwickelt, „Siegschnecke“ genannt.

Das flache Schiff, ohne Aufbauten, konnte wegen des niedrigen Tiefgangs der Sieg nur 10 t Ladung fassen. Befördert wurden vorrangig Baumaterial und – eine Besonderheit – „Siegburger Pfeifenerde“ und Töpferwaren, die nach Köln transportiert wurden. Die Kölner Kaufleute besaßen das alleinige Recht, die berühmten Siegburger Töpferwaren gewerblich in alle Welt zu verkaufen.

Siegburg von Südwesten im Jahre 1852. Vorne links Abbildung einer „Siegschnecke“. Stahlstich von Nikolaus Christian Hohe im Besitz des Stadtmuseums Siegburg

Ab 1777 wurde der Unterlauf der Sieg begradigt. Danach floss der Fluss im rechten Winkel in den Rhein. Dieses und weitere Wasserbauarbeiten am Anfang des 19. Jahrhunderts führten dazu, dass das Gefälle und die Fließgeschwindigkeit des Flusses erhöht wurden, die Wassertiefe sank, und die Sieg ihre Schiffbarkeit verlor.

Der Rhein in alten Karten

von Manfred Spata

Der Rheinstrom ist seit Jahrhunderten nicht nur eine naturräumliche Grenze, sondern eine Orientierungslinie und Verkehrsader. Schon sehr früh nutzte der Mensch den Rhein als natürlichen Verkehrsweg. So bauten die Römer vulkanisches Gestein vom direkt am Rhein gelegenen Drachenfels ab, um es per Schiff an die stromabwärts gelegenen Legionslager zu transportieren. In der nachfolgenden Zeit verschiffte man flussauf- und -abwärts allerlei Handelsgüter mit Flößen, Segelbooten und Lastkähnen, die von Menschen und Pferden getreidelt wurden. Dieser Rhein ist ein wesentliches Element der Kulturlandschaft und hat im Laufe der Jahrhunderte zur mannigfaltigen Kartenherstellung beigetragen.

Durch seine Grenzfunktion war der Rhein stets auch ein Schauplatz für politische Kämpfe; deshalb entstand eine Fülle von Kartenmaterial im Zusammenhang mit kriegerischen Ereignissen. Besonders im Ober- und Mittelrheingebiet wurde der Begriff des „Kriegstheaters" für mittelmaßstäbige Übersichtskarten entwickelt. Festungsgürtel prägten das Bild der Rheinstädte – auch Bonn war lange Zeit eine befestigte Stadt mit wehrhaften Mauern und Toren direkt am Ufer des Rheins.

Die Masse der frühen gedruckten Rheinlaufkarten im relativ kleinen Maßstab (von etwa 1:500.000) liefern nur ein schlichtes Bild vom Rhein, das über Jahrzehnte hinweg nur wenige Veränderungen des Stroms und der Uferlandschaften darstellt. Die wechselnden Erscheinungsformen des Rheins mit seinen Verzweigungen, Mäanderbildungen, Uferabbrüchen und Anschwemmungen, der Neubildung oder dem Verschwinden von Inseln, der Verlandung und Verlegung des Flussbettes, das alles kann nur in großmaßstäbigen Vermessungen und Karten erfasst und aufgezeigt werden, die großenteils als Handzeichnungen nicht für die Öffentlichkeit zugänglich waren und heute in Archiven, Bibliotheken und Museen aufbewahrt werden.

Die Bedrohung der in Ufernähe wohnenden Menschen durch immer wiederkehrende Überschwemmungen sowie die Notwendigkeit von

Wasserschutzmaßnahmen und Wasserbaumaßnahmen zur Stromregulierung für die Schifffahrt erforderten vermessungstechnische und kartographische Aufnahmen des Rheingebietes in größeren Maßstäben. So mutierte im 19. Jahrhundert durch Menschenhand das Kemper Werth nach Verlegung der Siegmündung in nördliche Richtung zu einer Halbinsel. Hingegen haben Nonnenwerth, Grafenwerth und Herseler Werth ihre Inseleigenschaft bis heute erhalten.

Das Stromgebiet des Mittelrheins ist weder landschaftlich noch politisch eine Einheit, dem standen nicht nur naturbedingte Nebenflussbereiche entgegen, sondern auch verschiedene Anliegerstaaten. So lagen sich im heutigen Stadtgebiet Bonn bis zum Ende des 18. Jahrhunderts linksrheinisch das kurfürstliche Erzbistum Köln mit den kleinen rechtsrheinischen Exklaven Herrlichkeit Vilich und Amt Wolkenburg sowie rechtsrheinisch das Herzogtum Berg mit dem Amt Löwenburg gegenüber. Das Passieren von Landesgrenzen war früher mit einer lukrativen Einnahme des Landesherrn durch einen Schiffszoll verbunden; davon gibt der „Alte Zoll“ immer noch beredte Kunde.

Als im Frieden von Lunéville 1801 das linksrheinische deutsche Reichsgebiet dem französischen Staatsgebiet eingegliedert wurde, begann eine systematische, militärisch organisierte Landesaufnahme, deren Kartenwerke später nach ihren Leitern „Tranchot-Müffling-Aufnahme“ benannt wurden. Seither schufen die Landesvermessungsverwaltungen stets aktualisierte Kartenwerke verschiedener, aufeinander abgestimmter Maßstäbe.

Mit dem Abbau der Rheinzölle in der napoleonischen Zeit vereinfachte sich der Schiffsverkehr. Der Wiener Kongress schuf eine Übereinkunft eines freien Rheinverkehrs, die 1831 in Kraft trat und damit den überregionalen Schiffsverkehr garantierte. Der Rhein als internationale Wasserstraße verlangte nach einer Rheinstrombauverwaltung mit entsprechenden zweckmäßigen Stromkartenwerken, worin alle wasserbautechnischen und schifffahrtsrechtlichen Informationen dargestellt sind.

Die reizvollen Uferlandschaften des Mittelrheins waren schließlich ein wichtiger Antrieb für das Aufkommen des romantischen Rheintourismus im 19. Jahrhundert. Die Entwicklung der Reiseführer und Flusspanoramen nahm in diesem aufblühenden Tourismus ihren Anfang. In den Jahren 1790 bis 1850 wurden etwa 120 Reiseführer mit Karten und Panoramen über den Rhein publiziert. Insbesondere der reiche englische Adel bereiste den Rhein und lernte die Rheinlandschaft schätzen. Es folgten Schriftsteller, Dichter, Politiker und Historiker, die auf ihre Weise den guten Ruf der Rheingegend in die Welt trugen. Die ersten Dampfschiffe begannen den Rhein regelmäßig zu befahren.

Diese wachsende Reiselust setzte eine umfangreiche Produktion von zweckmäßigen Reiseführern, Rheinkarten und Landschafspanoramen in Gang. Der Erwerb solcher kartographischen Darstellungen half zum einen den Reisenden bei ihren Planungen und Orientierungen und zum anderen besaßen sie am Ende der Reise einen gewissen Erinnerungs- und Renommeewert. Vor allem die qualitätsvollen farbigen Reliefpanoramen in einer Art Vogelschaubild des Rheintales und in der Form einer Leporellofaltung erreichten hohe Auflagen für die ständig wachsende Zahl an Schiffs- und später auch Eisenbahntouristen.

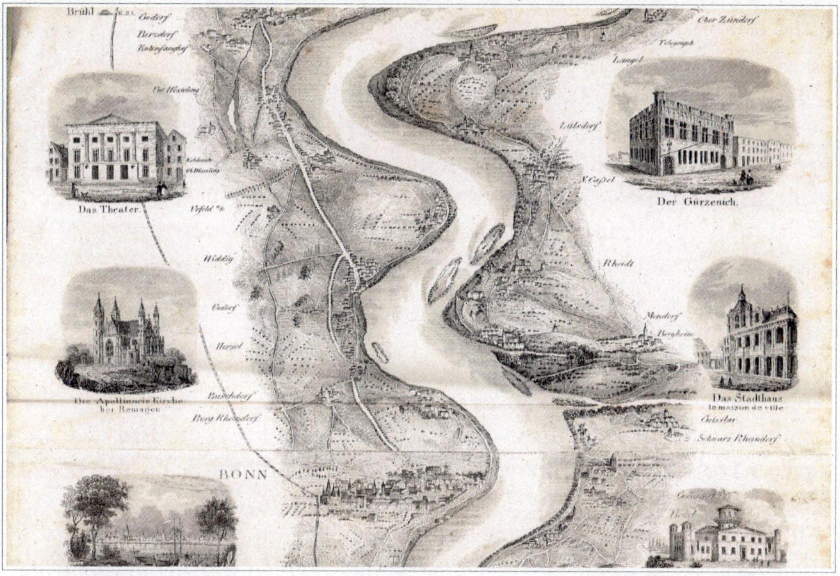

Ausschnitt aus Halenzas „Neuestes Rhein-Panorama, Mainz bis Cöln“, Mainz um 1870, Sammlung H. P. Müller

Das Kemper Werth
Die Geschichte einer versunkenen Insel

von Rainer Krippendorff

Am 2. Februar 1583 heiratete Gerhard Truchsess von Waldburg-Trauchburg, höchster Repräsentant des Kurfürstentums Köln, seine Geliebte Agnes von Mansfeld, eine protestantische Kanonissin aus dem Stift Gerresheim bei Düsseldorf, im Bonner Münster. Er selbst war vorher zum Protestantismus übergetreten und löste damit einen beispiellosen politischen Eklat aus. Nur zwei Monate später wurde er von Papst Gregor XIII. exkommuniziert.

Diese Heirat war der Beginn heftiger Religionskriege von katholischen und protestantischen Herrschern im deutschen Reich. Die katholischen Fürsten wollten mit aller Macht verhindern, dass die Mehrheit der Kurfürsten zum protestantischen Glauben konvertierte und dann ein protestantischer Kaiser gewählt werden würde.

Mit Truppen aus Bayern, Frankreich, Italien, Spanien und den Niederlanden erhielt der als kurkölnischer oder auch truchsessischer Krieg in die Geschichte eingegangene Konflikt eine internationale Dimension, in dessen Verlauf die Armeen der katholischen Allianz 1583 auch das heutige Bonner Stadtgebiet erreichten und u. a. sowohl die Löwenburg als auch die Godesburg zerstörten.

Im Sommer des Jahres 1620 – inzwischen hatte der Dreißigjährige Krieg begonnen – kamen niederländisch-protestantische Soldaten nach Bonn, um sich gegen die spanischen Soldaten und das katholisch gebliebene Kurköln in Stellung zu bringen. Unterstützt wurden sie von vielen umliegenden Gemeinden, die mit ihren Pastoren zum Protestantismus gewechselt waren. Als einen ihrer militärischen Stützpunkte wählten sie das sogenannte Kemper Werth, eine von Rhein und Sieg gebildete Insel gegenüber von Grau-Rheindorf und nördlich der heutigen Friedrich-Ebert-Autobahnbrücke. Mit der Errichtung einer Festung sollten die spanischen Truppen an einem Weiterzug nach Norden gehindert werden. Wegen der trapezförmigen

Ausdehnung der Festung, die stark an die Kopfbedeckung katholischer Geistlicher erinnerte, erhielt die Insel den Namen Pfaffenmütz.

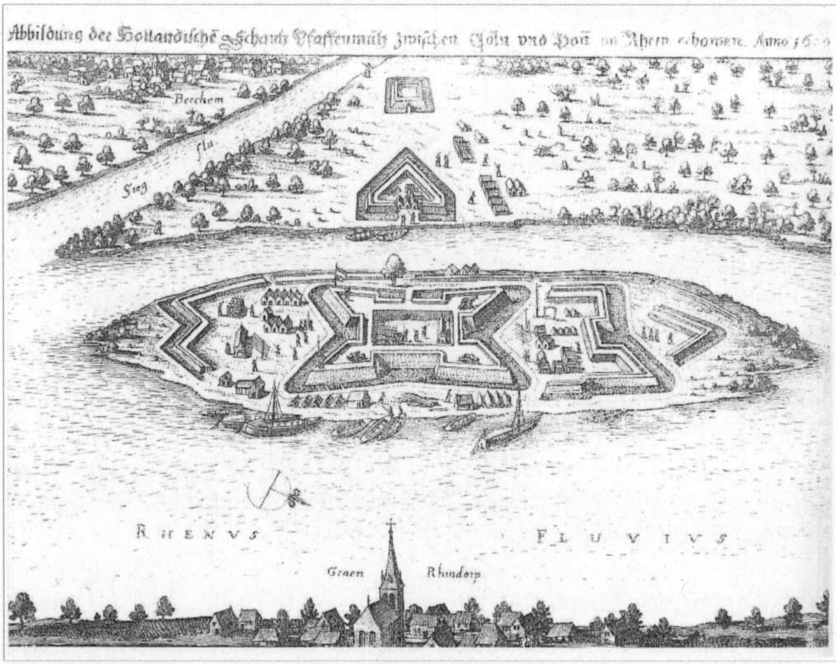

Matthäus Merian: Theatrum Europaeum I – Schanze „Pfaffenmütz", um 1621

Die bis zu drei Meter hohen Festungswälle ragten bis weit in den Rhein hinein und ließen den vorbeifahrenden Schiffen nur eine schmale Fahrrinne. Eine Festung im herkömmlichen Sinne ist die Pfaffenmütz wohl nicht gewesen. Denn als Baumaterial wurden keine Steine verwendet, sondern Holzstämme, Weidengeflecht und Lehm. In der Mitte standen das Haus des Kommandanten sowie diverse Lagerhäuser für Waffen, Schwefelfässer und Lebensmittel. Zur Verteidigung der Bastion wurden mehrere Kanonen in Stellung gebracht. Um sich ihre Verpflegung zu verschaffen, fielen die bis zu 3.000 Soldaten über die umliegenden Ortschaften her und plünderten sie.

Die katholische Allianz konnte die Schmach einer von Protestanten gehaltenen Festung nicht ertragen und setzte zur Eroberung der Inselfestung an. Über ein halbes Jahr wurden von beiden Seiten Tausende von Kugeln und Granaten abgefeuert. So geriet die Pfaffenmütz in den Focus heftiger militärischer Auseinandersetzungen des 30jährigen Kriegs.

Es muss kurz vor dem Jahreswechsel 1622/23 gewesen sein, da dämmerte es den Spaniern, dass sie mit herkömmlichen militärischen Mitteln den belagerten Holländern nicht beikommen würden, und versuchten ihr Glück mit unkonventionellen Mitteln. Aus den umliegenden Gehöften ließen sie Jauche herbeischaffen und füllten diese in handliche kleine Fässer ab. Und so kam es, dass die ahnungslosen Holländer Zielscheibe von ungewöhnlichen Geschossen wurden, die ihre Inselfestung in einen übel duftenden Morast verwandelten. Der Gestank wurde auch für die hartgesottenen Krieger unerträglich. Daher bot der Kommandant kurz danach den Spaniern die Kapitulation an und verließ mit seinen Soldaten wenig später die Festung, um am 3. Januar 1623 per Schiff die Heimreise nach Holland anzutreten. Damit endete die militärische Nutzung der Pfaffenmütz nach einer Existenz von nur zwei Jahren.

Die siegreichen Spanier nannten das eroberte Bollwerk Fort Isabelle nach der Statthalterin der spanischen Niederlande, Isabelle von Österreich. Weil kurze Zeit später die ehemalige Festung militärisch nicht mehr interessant war, überließen sie das Gelände sich selbst, und als noch seine letzten Befestigungen durch ein Hochwasser zerstört wurden, versank es für lange Zeit in den Tiefen der Geschichte.

In den folgenden Jahrzehnten wurde das Kemper Werth zwischen Rhein und Sieg von verschiedenen Pächtern der umliegenden Ortschaften ausschließlich landwirtschaftlich und als Viehweide genutzt. Erst die napoleonischen Soldaten gruben die Pfaffenmütz aus der Vergangenheit wieder aus und ließen das Gelände 1812 vermessen. Ihr Ziel, es wieder militärisch zu nutzen, erreichten sie aber nicht. Der Plan wurde fallengelassen. In der Mitte des 19. Jahrhunderts wurden die tief in den Rhein reichenden Sandbänke der Insel für die aufkommende moderne Schifffahrt zu einem Hindernis. Umfangreiche Wasserbauarbeiten, die Verlegung der Siegmündung und die Errichtung von Dämmen führten dazu, dass aus der Insel Kemper Werth eine Halbinsel wurde.

Heute ist von der Pfaffenmütz auf dem Kemper Werth oberirdisch nichts mehr zu sehen. Einzig die Werdstraße in Schwarzrheindorf erinnert noch an die im Rhein versunkene Insel und die Festung Pfaffenmütz, die im 30jährigen Krieg im Zentrum militärischer Auseinandersetzungen lag.

Bürgermeister grüßt Kaiserin – Auch eine „Stroofe" der Beueler Geschichte

von Alexander Brüggemann

Es war eine besondere Episode in der Amtszeit des ersten Bürgermeisters von Vilich, Leonhard Stroof (1757-1825). Anfang August 1813 stand Frankreichs Kaiser Napoleon schon das Wasser bis zum Hals. Trotz Waffenstillstands hatten seine Leute bei Leipzig österreichische Truppen angegriffen, und schon wenige Tage später sollten in der Schlacht bei Dresden 350.000 Soldaten beider Seiten aufeinandertreffen – Napoleons letzter Sieg auf deutschem Boden.

Unterdessen war am Rhein die französische Besatzung noch in Ordnung, und die junge Kaiserin Marie-Louise von Österreich (1791-1847), die zweite Frau Napoleons, fuhr am 4. August 1813 mit dem Schiff an Bonn und Beuel vorbei. Die Meldung von Bürgermeister Stroof an seinen vorgesetzten Unterpräfekten, also den Leiter des Arrondissements, lautete wie folgt:

„Heute Nachmittag Glock fünf ist die Kaiserinn von Frankreich den Rhein zwischen Bonn und Beuel paßirt, ich habe alles veranstaltet, was beim Empfang solch erhabener Monarchinn erforderlich seyn kann. Das hiesige Schützen Korps mit zwei Fahnen paradirte gegen der fliegenden Brücke (Seilfähre, Gierponte), *die Böller waren dort in Batterie aufgeführt, und das Geläut aller Glocken verkündigte den an- und abwesenden Einwohnern an; ich selbst begab mich in einem Kahn bis gegen die Schiffsjagd (Yacht), worauf Höchstdieselben sich befanden, und salutirte dieselbe."*

Acht Monate später war nicht nur der Rhein, sondern auch Marie-Louise von Napoleon befreit: Nach dessen Abdankung in Fontainebleau beendete die Habsburgerin die Zweckehe, zumindest faktisch, durch ihre Flucht zurück an den Hof nach Wien.

Kosaken in Vilich – November 1813

von Heinz-Peter Ebert

Nach der verlorenen „Völkerschlacht bei Leipzig“ (16.-18. Oktober 1813) flieht Napoleon mit seinen Truppen zurück über den Rhein. Die Verfolgung übernehmen u. a. russische Truppen. Diese Verbände „erlösen“ auch das Großherzogtum Berg, zu dem damals Vilich gehörte, von der französischen Herrschaft und bleiben verstreut zunächst bis Ende 1813 rechtsrheinisch in Ruhestellung.

Ein Diorama im Bürgermeister-Stroof-Haus

Das Diorama (s. nächste Seite) zeigt russische Soldaten, namentlich Don-Kosaken unter General Seliwanow, die sich am 23. November 1813 im Hof des Anwesens von Bürgermeister Stroof in Vilich eingenistet haben. In der Mitte der Szenerie sieht man Leonhard Stroof (von hinten in der „flohbraunen“ Amtstracht des Maire) konfrontiert mit den Forderungen der Kosaken-Offiziere. Im Hintergrund auf der Treppe des Hauses beobachten Frau Stroof und einige der Kinder – nicht ohne Sorge um den Viehbestand – das Geschehen.

Kaperfahrt über den Rhein

Die Kosaken befehlen dem Bürgermeister Stroof unter Androhung von Strafe, mit noch in Beuel befindlichen Nachen und einer Handvoll Schiffern in der Nacht nach Bonn überzusetzen, um dort von den Franzosen beschlagnahmte Nachen zurückzuholen. Es waren die Beueler Schiffer Wilhelm Burgunder, Josef und Gottfried Körver, Adolph Hunold, Hermann Quadt, Bernhard und Johannes Thiebes, Heinrich und Joseph Schönau, Anton Möltgen und Hilarius Engelskirchen – alles Familiennamen, die uns heute noch in Beuel vertraut sind – die den Befehl der Kosaken ausführten. Sie machten die am Bonner Ufer vertäuten Nachen los und brachten sie nach Beuel zurück. Nach der geglückten Rückholaktion zahlte Leonhard Stroof jedem der Mutigen 50 Stüber aus seiner eigenen Tasche und spendete ihnen darüber hinaus in der Beueler Gaststätte Laquai „eine Erholung an Essen und Trinken“. Da wird es wohl hoch hergegangen sein.

Diorama erstellt von Heinz-Peter Ebert

Eine Wette mit tödlichem Ausgang

Vielleicht hat der eine oder andere Schiffer an diesem oder einem späteren Tag etwas zu viel dem Wein zugesprochen. Anders kann man sich das Zustandekommen einer Wette nicht erklären, die zwei Beueler Schiffer mit einigen Kosaken eingegangen sein sollen. Die Schiffer behaupteten, sie würden in der Dunkelheit der Nacht mit ihrem Nachen nach Bonn übersetzen, dort unter den Augen der Franzosen einige Flaschen Wein holen und diese auf das Wohl der Kosaken trinken.

Der Bonner Chronist Kasper Anton Müller berichtet hierüber in seiner „Geschichte der Stadt Bonn", erschienen 1834, wie folgt: *„In Begleitung der Kosaken landeten sie bei dunklem Abend, unentdeckt von den französischen Posten, an der „Vinea Domini", einer Weinschenke* (heute Beethoven-Gymnasium). *Sie stiegen aus, klopften an und forderten, als man ihnen die Türe geöffnet hatte, Wein. Beim erschreckenden Anblick der Kosaken schrie jedoch die Hausfrau so laut um Hülfe, daß sie, als alle Worte der Beruhigung vergeblich wa-*

ren, das Opfer einer Kosakenkugel, der Wirt aber in aller Geschwindigkeit auf jene Rheinseite mitgenommen wurde.“

Was sich anschließend in der Beueler Kneipe, wo die Wette eingelöst wurde, zugetragen hat, darüber wird nichts berichtet. Berichtet wird aber, dass der Bonner Wirt am nächsten Tag freigelassen wurde, um an der Beisetzung seiner Verblichenen teilnehmen zu können.

Beuel in der Zeit der Rheinromantik

von Helmut Vogt

Beuel und seine Dörfer, eine ländliche Idylle, ein Ausflugsziel gar für Rheintouristen und stadtmüde Wanderer? Gleich drei namhafte Bonner Professoren verbürgen sich für die Attraktivität des Gebietes, bevor mit der Ansiedlung der Jutespinnerei und -weberei im Jahre 1868 unwiderruflich der Weg zum Industrieort eingeschlagen wird.

Als erster Zeuge sei der Kunst- und Bauhistoriker Helfrich Bernhard Hundeshagen (1784-1858) zitiert. Sein 1832 erschienenes Büchlein „Die Stadt und Universität Bonn am Rhein" stellt rechtsrheinisch die Schwarzrheindorfer Doppelkirche prominent heraus und verheißt Sinnesgenüsse *(„keine anmuthigere und belohnendere Wanderung")* bereits auf dem Weg dorthin; vorzugsweise frühmorgens wegen des Blicks auf Bonn oder am späten Nachmittag mit klarerer Sicht auf den Sieggrund und das Siebengebirge. Vom Landungsplatz der Fliegenden Brücke ging es damals durch dichte Uferwälder flussab oder *„mehr landeinwärts über einen sonnigen Hügel auf das angenehmste und reizvollste durch Weingärten und ländliche Wohnungen"*. Die Stiftskirche selbst mit ihrem Bering bot durch ihre erhöhte Lage *(„wie eine Burg herausgebaut")* eine weite Aussicht *„in die freie Landschaft":* Richtung Gensem sah man Gärten, Obstflächen und Rebstöcke am Hang, über die Auwälder an der Siegmündung ging der Blick bis nach Köln. Die Stiftskirche von Vilich *„mit ihren stattlichen Gebäuden"* schloss sich an, schließlich Kirche und Kloster von Pützchen *„in der Heidnfläche am nördlichen Abhange des fast öden Gebirgsrückens"*, zuletzt als Höhepunkt die *„herrliche Scenerie des Siebengebirges ... mit ihrem mannichfaltigen und reizenden Formenspiel aus bläulicher Ferne und mit grünem Lichte."*

Auf der Suche nach Kennern der vorindustriellen rheinischen Landschaft kommt man an Ernst Moritz Arndt (1769-1860, s. S. 53-54) nicht vorbei. Zwanzig Jahre politisch motivierter Suspendierung vom Lehramt gaben dem Bonner Historiker mehr als genug Muße. Er nutzte sie neben anderem zu zahlreichen weiten Wanderungen in der Region, deren Ertrag er 1844 in seinen „Wanderungen aus und um Godesberg“ niederlegte. Im heutigen Stadtbezirk Beuel zeigt sich für Arndt der Übergang vom Mittel- zum Niederrhein besonders augenfällig: Ein Ausflug vom Finkenberg nach Vilich oder Schwarzheindorf, für den geübten Fußgänger in einer halben Stunde bewältigt, bedeutete *„gleichsam eine Versetzung wie in ein anderes Land. An dem Finkenberge wird man gleichsam von südlicher Himmelsluft mit südlicher Lust angeweht; an der Sieg fühlt man sich plötzlich wie in dem düsteren Norden“.* Besonders die Ennertdörfer hatten es dem Autor angetan. Und so empfiehlt er *„an diesem lieblichen rechten Ufer“* einen Spaziergang entlang des schönen Hochwaldes zwischen Oberkassel und Limperich. Herausgestellt werden die Aussichten von der Oberkasseler Ley und dem viel besuchten Foveauxhäuschen am Ennert. Und dann wieder der Finkenberg, der sich dem Ausflügler offenbar ganz anders darbot als nach weiterer Ausbeutung der Steinvorkommen: *„Hübsche Einschnitte und so anmutige Täler, Auen und Gärten ringsum, dass es einem nirgends heimlicher däucht, als von seiner Platte oder von den kleineren Höhen zunächst über Limperich ins Land zu schauen.“* Als harter Kontrast seinerzeit die Holtorfer Hardt: Wo heute durchgängig Hochwald steht, fand Arndt *„eine kahle graue Berghöhe mit reichen Braunkohlenlagern“.*

Als dritter und jüngster Gewährsmann bietet sich Gottfried Kinkel (1815-1882, s. S. 55) an, Theologe, Professor für Kunst- und Kulturgeschichte, Revolutionär. In seinem autobiographischen Rückblick auf die Jahre 1838 bis 1848 lobt er sein *„heimatliches rechtes Rheinuf“* und dessen *„sonnige Felder“,* nicht zuletzt der fehlenden touristischen Infrastruktur wegen: *„Dorthin gehen städtische Modespaziergänger selten; denn alles ist dort ländlicher als in den Dörfern um Bonn, keine eleganten Wirtshäuser winken, man trifft nicht überall auf Mietwagen, und die Punkte, wo das Gebirg schöne Aussichten bietet, fordern schon einen etwas weitern Marsch.“* Der bittere Nachsatz: *„Dorthin verfolgte uns boshafte Neugier nicht“,* spielt auf die Schwierigkeiten an, die das bürgerliche Bonn, insbesondere die Evangelische Fakultät, Kinkel wegen seiner Beziehung zu Johanna, einer geschiedenen Katholikin, bereitete. Da war es für die ungestörte Zweisamkeit von Vorteil, wenn die schützende Idylle des Finkenbergs nur über einen *„labyrinthischen*

Waldpfad" zu erreichen war. *„Gleich einem detachierten Fort vor dem höhern Gebirg"* erhob sich der markante Basalthügel und bot, wo heute im Tal Siedlungs- und Verkehrsflächen vorherrschen, herrliche Ausblicke *„über Weinberg und Kornflur nach dem glänzenden Strom"*.

Die Zweihundertjahrfeier 2018 der Rheinischen Friedrich-Wilhelms-Universität Bonn hat verschiedentlich daran erinnert, wie sehr die landschaftliche Schönheit der Region zur Attraktivität der „Sommeruniversität" Bonn beigetragen hat. Das Interesse an der lieblichen Umgebung verschob sich allerdings in der zweiten Hälfte des 19. Jahrhunderts deutlich. „Belästigende" Industrie konzentrierte sich in Beuel. Genusswanderer entdeckten Bad Godesberg.

Unbekannter Künstler
„Blick vom Drachenfels auf Schloss Deichmannsaue in Mehlem"
um 1840
© Siebengebirgsmuseum Königswinter

Ernst-Moritz Arndt – Der Rhein gibt und nimmt

von Dieter Noth

1799 war er schon einmal in Bonn gewesen. Für ihn war da die Stadt eine „ländliche Braut, die einfältig und unschuldig es kaum zu wissen scheint, wie schön sie ist“. 1817, da ist er schon 48 Jahre alt, siedelt er dann in Bonn. Er baut ein Haus vor der Stadt, direkt am Rhein, das es heute noch gibt. Nur wenige Schritte sind es morgens für ihn an den Fluss. Nur umhüllt mit einem Leintuch geht er ans Ufer, entkleidet sich, geht bis an die Knie in die Fluten, schlägt sich mit den Händen das Wasser auf den Körper und zählt dabei, so laut, dass es weithin zu hören ist, bis hundert. So berichtet uns ein Zeitgenosse.

Diese frühe Form der täglichen Kneipp-Kur – Kneipp selbst war noch nicht geboren – gab ihm vielleicht die Kraft für sein umtriebiges Leben. Aber der Fluss gibt nicht nur, er nimmt auch. Vor den Augen des Vaters ertrinkt der jüngste Sohn, Willibald, 1834 in ebendiesem Fluss.

Der da täglich – bis an sein Lebensende – badet, ist Ernst-Moritz Arndt. Dass er in Bonn ist, ist kein Zufall. Arndt ist wesentlich dafür verantwortlich, dass die preußische Rheinuniversität nicht in Köln, sondern in Bonn eröffnet wird. Folgerichtig beruft ihn die Hochschule 1818 zum Professor der Geschichte. Nach einer bewegten akademischen Karriere – einschließlich einer Suspendierung wegen seiner freiheitlichen Anschauungen – wird er später sogar Rektor. Auch der junge Hochschulstandort Bonn profitiert von seinen Aktivitäten. Auf sein Betreiben eröffnet in der Stadt eine Druckerei, damit Professoren und Studenten ihre Bücher nicht mehr in Köln oder Neuwied kaufen müssen.

Das Wirken von Ernst-Moritz Arndt kann vielleicht nur aus seiner Zeit heraus verstanden werden. Die Freiheitskriege gegen Napoleon und der Wunsch nach der Einigung Deutschlands sind Hinweise auf sein Selbstverständnis als freiheitlicher Patriot. Pathos und Wortwahl vieler seiner Schriften allerdings sind auch aus der Zeit heraus nicht zu erklären. Sein Antisemitismus und sein Franzosenhass wurden später von den Nationalsozialisten gerne zitiert. Allerdings genoss er auch in der DDR Anerkennung als „Kämpfer gegen den Feudalismus“. Drei unterschiedliche Sichten ...

Aber da war er schon lange tot. Ernst-Moritz Arndt liegt seit 1860 auf dem Alten Friedhof in Bonn.

Gottfried und Johanna Kinkel – Des Stromes und der Liebe Wellen

von Dieter Noth

Es war so ein schöner Tag gewesen. Auf der anderen Seite des Rheins, gegenüber von Bonn, im Siebengebirge. „Oh Gott, wie sind die deutschen Lande so schön!“, hatte er einmal dazu geschrieben. Und nun in der Dämmerung, auf der Rückfahrt mit dem kleinen Nachen und dem leichtsinnigen Bootsführer. Er fuhr viel zu dicht an die großen Dampfer und Schleppkähne heran, wollte vor einem noch das Ufer erreichen, als es passierte. Kurz vor der Kahnstation Plittersdorf wurde das kleine Boot gerammt.

Die Menschen stürzten in den reißenden Strom. Er hatte Angst um sie, mehr als um sich. Sie war seine große Liebe, auch wenn sich die Welt gegen beide verschworen hatte, den evangelischen Theologie-Professor und die katholische geschiedene Frau. Er spürte, dass sie ähnlich empfand wie er, aber auch sie hatte nicht den Mut, sich ihm und der Welt zu offenbaren. Er ergriff sie, bereits unter Wasser, das Schaufelrad des Dampfers in bedrohlicher Nähe, zog sie an sich und hob sie mit letzter Kraft wieder in den dümpelnden Kahn. Sie fielen sich in die Arme. Er hatte sie gerettet, mehr noch, er hatte beiden wieder ins Leben verholfen. Jetzt wussten sie es und hatten den Mut, es laut auszusprechen. Alle Welt sollte es hören und sehen. Sie gehörten zusammen und schworen sich ewige Treue.

Diese tapfere Rettungstat sorgte dafür, dass gegen alle gesellschaftlichen Widerstände Gottfried Kinkel und Johanna Mockel, geschiedene Mathieux, ihr gemeinsames Leben beginnen konnten.

Gottfried Kinkel verlor – wegen der Heirat – seine akademische Stellung, wurde aber zu einem der bedeutendsten Verfechter der Bewegung des März 1848. Der Marsch auf das Bonner Rathaus sah ihn in der ersten Reihe, die schwarz-rot-goldene Fahne in der Hand. Johanna Kinkel wurde als „Direktrix“ des Gesangsvereins und des

Maikäferbundes zu einem Mittelpunkt des kulturellen und literarischen Bonn.

E. Gafsler: Gottfried Kinkel (1880)

Wegen ihrer politischen Bestrebungen wurden sie aus Deutschland vertrieben, landeten schließlich in England, und dort endete leider auch ihre so heldenhaft gegründete Liebe. Johanna starb unter nicht ganz geklärten Umständen bei einem Fenstersturz 1858 in London. Gottfried überlebte Johanna um 24 Jahre. Er liegt auf einem Friedhof in Zürich begraben.

Vom Beginn der Dampf- und Schleppschifffahrt

von Hans Paul Müller

„Ein unendlicher Zauber begleitet den Reisenden in diesen Gauen ... Man muss nicht Deutscher sein, um die Traurigkeit, die Schönheit, die Schwermut gewaltig zu fühlen, aber man begreift leicht die schwärmerische Liebe, die diese Ufer im Herzen eines Deutschen erwecken, dessen Geburtsland sie sind."

– Hippolyte Durand über den Mittelrhein

Der Vilicher Bürgermeister Leonhard Stroof war einiges gewohnt und nicht so leicht aus der Ruhe zu bringen. Schließlich hatte er bereits mit Napoleon Bonaparte höchstpersönlich parliert – von Stroof mit „S.M." (Seine Majestät) beschrieben. Doch ein Ereignis im Herbst 1817 dürfte auch den Vilicher Bürgermeister erstaunt und vielleicht auch zum Jubeln gebracht haben, wer weiß. Doch der Reihe nach.

Am 6. November 1811 hatte Stroof den französischen Kaiser auf der Beueler Rheinseite begrüßt und war mit diesem zum Finkenberg geritten. Übergesetzt hatte Napoleon per Seilfähre (auch „Gierponte" genannt). Eine bemerkenswerte Konstruktion, eine solche Gierponte – doch wenig beeindruckend im Vergleich zu dem Schiff, das die Bonner im Herbst 1817 zu Gesicht bekamen. Denn da schaffte es das erste Mal überhaupt ein Dampfschiff den Rhein flussaufwärts bis nach Bonn und darüber hinaus. Gewiss, bereits 1816 hatte ein Dampfschiff den Rhein stromaufwärts befahren. Doch die *Defiance* (nach einem Verkauf in *Prinz von Oranien* umbenannt) war „nur" bis Köln gedampft, wo sie am 12. Juni 1816 angekommen war. Aufgrund der starken Strömung trat sie danach die Rückreise an.

Die *Caledonia* hingegen war vom schottischen Erfinder James Watt gekauft worden. Seine bekannteste Erfindung war sicherlich die Verbesserung des Wirkungsgrads von Dampfmaschinen. Insofern wundert es nicht, dass James Watt dies direkt beim frisch gekauften Schiff anwendete. Er ließ das Schiff mit zwei Dampfmaschinen und einem Kessel aus der eigenen Produktion ausstatten. Um die Leistungsfähigkeit der Maschinen zu testen, sollte der Sohn des Erfinders mit der *Caledonia* den Rhein befahren. Gesagt, getan.

Und so kam es, dass die Bonner am 11. November 1817 ein ziemlich großes Schiff bestaunen konnten, das weder Segel noch Ruderer hatte und auch nicht durch Treideln bergauf bewegt wurde. Stattdessen wurde das Schiff mit Dampf betrieben und zog eine große Rauchfahne hinter sich her. Es handelte sich um besagtes Dampfschiff *Caledonia* – welches übrigens noch ganz aus Holz gebaut war.

Der Anfang war gemacht. In den folgenden Jahren dampfte eine immer größere Zahl von Dampfschiffen den Rhein herauf und hinab. Die Vorteile der Dampfschiffe waren offensichtlich. Einsatzfähigkeit, Geschwindigkeit und Pünktlichkeit der Schifffahrt auf dem Rhein waren zuvor von Naturgewalten wie Strömung, Hochwasser und Windrichtung abhängig gewesen.

Der Beginn der Schleppschifffahrt

Neben dem zunehmenden Einsatz von Raddampfern für den Personenverkehr kamen auch Schleppdampfer in Dienst, die üblicherweise hölzerne Segelschiffe mit Ladung in Schlepp nahmen. Einer der ersten Schleppdampfer im Einsatz war die 1821 in Holland gebaute *Hercules*. Sie konnte bereits 2.000 Zentner laden und zusätzlich vier bis sechs Segelschiffe mit Ladung schleppen.

Die *Hercules* wurde später für den regelmäßigen Güterverkehr zwischen Rotterdam und Köln bzw. später Mainz eingesetzt – bis in das Jahr 1872.

„Rheinpanorama" – undatiertes Aquarell von Eduard Kintrup (23.1.1896 in Dortmund, † 28.6.1959 in Beuel), aus der Sammlung Bissing. Das Bild zeigt einen niederländischen Schlepper in Höhe der Gronau, im Hintergrund das Bonner Rheinpanorama. Gegenüber das Beueler Strandbad, erbaut 1929. Repro: Christoph Gietz*

Widerstand gegen die neuen Dampfschiffe – wieso?

Es gab aber auch Widerstand von Teilen der Bevölkerung. So waren die neuen Dampfschiffe zwar im Hinblick darauf beliebt, dass sie zahlende Touristen – insbesondere Engländer – an den Rhein brachten. Etwas anders sah es im Hinblick auf den Warentransport per Dampfschiff oder den Einsatz von Schleppdampfern aus. Bisher war dieser Transport von Gütern in Bonn eine Domäne der Bonner und Beueler Schiffer gewesen, was sich nun schlagartig änderte. Einige Schiffer bangten deshalb angesichts der neuen Konkurrenz um ihre Existenz. Auch die Treidler, die zuvor die Lastkähne flussaufwärts gezogen hatten, sahen ihre Arbeitsplätze gefährdet.

In Plittersdorf sollen Dampfschiffe aus diesem Grund weniger freundlich mit Böllerschüssen der ganz besonderen Art „begrüßt" worden sein: Die Böller enthielten spitze Nägel. Es wurde eigens eine Abteilung Bonner Husaren nach Plittersdorf beordert, um dort wieder für Ruhe und Ordnung zu sorgen. Vom Graurheindorfer Ufer aus soll am 16. April 1848 auf von einem Schleppdampfer gezogene Frachtschiffe geschossen worden sein, was ebenfalls vom Militär unterbunden wurde.

Offensichtlich waren Schiffer und Rheinhalfen (= Schiffszieher) in der damaligen Zeit nicht zimperlich, wenn sie ihre Arbeitsplätze durch die neuen Dampfschiffe gefährdet sahen. Die Rheinhalfen bangten um ihre Existenz. Schließlich hatten sie sich durch das Treideln jahrhundertelang ihren Lebensunterhalt verdient. Dies ging üblicherweise so vonstatten, dass auf einem extra dafür angelegten Leinpfad Pferde und/oder Männer die Schiffe an dicken Hanfseilen stromaufwärts zogen – was als „treideln" bezeichnet wurde. Diese Zeit ging nun ihrem Ende entgegen. Ab der Mitte des 19. Jahrhunderts – regional teilweise früher oder etwas später – hörte das Treideln auf. In der Literatur werden die Rheinhalfen übrigens als derb, grob und um Schimpfworte nicht verlegen beschrieben. Der Bonner Kurfürst Clemens August sah sich deshalb 1746 genötigt, genaue Vorschriften für das Verhalten der Schiffsleute zu erlassen und ordnete an, dass sich die Schiffer und ihre Knechte des Fluchens und unziemlicher Reden zu enthalten hatten. Die gute alte Zeit eben.

Die Kneipen der Bonner Schiffer und Rheinhalfen lagen hauptsächlich unten am Rhein. Dort werden sie wohl auch gelegentlich den Vater Ludwig van Beethovens – Johann van Beethoven – getroffen haben. Denn dieser hatte in vielen innerstädtischen Gaststätten Bonns Lokalverbot. Deshalb trank er gezwungenermaßen seinen Wein in den Kaschemmen der Altstadt wie „Zum Engel" oder „Zum schwarzen Hörnchen". Und dies offenbar nicht zu knapp: Der Erzherzog Maximilian Franz von Österreich soll die Nachricht vom Tod von Johann van Beethoven sinngemäß so kommentiert haben, dass dies die Einnahmen aus der Weinsteuer senken werde.

Die Gründungen der Linien-Schifffahrt-Gesellschaften

von Hans Paul Müller

„Sei mir gegrüßt, mein Vater Rhein. Wie ist es dir ergangen?
Ich habe oft an dich gedacht. Mit Sehnsucht und Verlangen.“

– Heinrich Heine

Mit Dampfschiffen konnten Menschen und Waren schneller und pünktlicher transportiert werden. So ist es kein Wunder, dass 1823 die *Nederlandsche Stroomboot Maatschappij* in Rotterdam gegründet wurde, welche ab 1825 regelmäßig die Strecke zwischen Rotterdam und Köln betrieb. Auch in Köln wurde die fortschreitende Entwicklung der Dampfschifffahrt mit regem Interesse verfolgt. Bald setzte sich die Erkenntnis durch, dass diesen Schiffen die Zukunft auf dem Rhein gehören würde. Dies war auch im Hinblick auf den Tourismus äußerst wichtig.

Von der ersten Fahrt eines Passagier-Dampfers namens *Seeländer* von Rotterdam über Köln bis nach Bacharach im Herbst 1824 liegen uns die Berichte von zwei Teilnehmern der Fahrt vor.

Einer war der Kölner Sulpiz Boisserée (s. S. 66). Der schrieb seinem Bruder Melchior per Brief: „Um Euch einen Begriff von der Eleganz und Bequemlichkeit des Schiffes zu geben, erwähne ich nur, dass das Getäfel und alle Möbel von Mahagoniholz sind, dass zwei Küchen vorhanden sind, dass vier Aufwärter für alle Bedürfnisse sorgen, alles mit Wachs beleuchtet ist, und was der angenehmen Eitelkeiten sonst mehr sind.“

Der Bericht wurde fortgesetzt: „Bis Köln ging die Fahrt glatt und schnell vonstatten. In achtunddreißig Stunden war die kurvenreiche Strecke Rotterdam-Köln bezwungen.“ Bei steigendem Hochwasser, „was dem Schiff und seiner Dampfmaschine eine rechte Feuerprobe war“, ging es den Mittelrhein hinauf. Vor Koblenz – wo sich die Mosel mit dem Rhein vereinigt – war die Strömung so stark, dass das

Schiff zeitweise nicht mehr vorwärts kam. Letzten Endes war die Besatzung froh, nach stundenlanger Anstrengung der Maschinen die Stadt zu erreichen. In Koblenz kam ein Minister an Bord, um das kuriose Gefährt zu bestaunen. Er besaß aber nicht den Mut, sich dem Schiff auch nur für eine kurze Strecke anzuvertrauen.

„Bonn um 1868“, von der Beueler Seite aus gesehen. Wäscherinnen und Kinder winken dem stromabwärts fahrenden Dampfer „Germania“ zu. Gezeichnet und gestochen von F. Foltz, J. Halenza, Mainz

Die Fahrt ging dann ohne den ängstlichen Minister zunächst störungsfrei weiter. Bald aber erreichte der Passagierdampfer die Grenze seiner Kraft. Mit Mühe gelang es, abends das Schiff in Sankt Goar festzumachen. Eigentlich sollte die Reise bis nach Frankfurt am Main fortgesetzt werden, und fast wäre es auch geglückt. Doch die Maschinenleistung reichte nicht aus. Der Kapitän suchte „mit einer tüchtigen Schlussleistung“ die Ausdauer und Leistungsfähigkeit seines Schiffes den an Bord mitfahrenden Aktionären und Ehrengästen unter Beweis zu stellen. „Keiner der Zuschauer am Ufer konnte im angestrengten Laufe gleichen Schritt halten, es erforderte den gestreckten Trab eines Pferdes, bei zu bleiben." Doch nach Passage der in den Rhein gebauten Burg Pfalzgrafenstein in Höhe Bacharach wendete das Schiff und erreichte danach in reibungsloser Fahrt innerhalb von sieben Stunden wieder Köln.

„Alte Weiber schlugen die Hände über dem Kopf zusammen"

Eindrucksvoll schilderte Sulpiz Boisserée die Wirkung dieses dampfenden Wunderwerkes der Technik: „Unsere Fahrt glich einem Triumphzug; überall kamen die Einwohner ans Ufer und staunten das wunderbar einher rauschende Mühlenschiff (Seitenraddampfer) an, welches bei einer der größten Überschwemmungen, wo kein Schiff mit Pferden gezogen werden kann, seinen Weg durch die mächtigen Wasserwogen ruhig fortsetzte. Wir kündigten unsere Ankunft bei jedem größeren Ort mit einigen Kanonenschüssen an, hatten unsere Flaggen und Wimpel aufgezogen und hielten uns trotz des unaufhörlichen Regenwetters immer auf Deck auf." Und weiter: „Alte Weiber schlugen die Hände über dem Kopf zusammen, andere legten sie wie zum Gebet ineinander, Kinder jauchzten, Männer schwenkten die Mütze und Hüte und oft brach die ganze Volksmenge in ein lautes Hurra aus, das von der Schiffsgesellschaft erwidert wurde."

Ein weiterer Teilnehmer dieser „wunderlichen Fahrt" war ein Herr Hermann Löhnis vom gleichnamigen Kölner Handelshaus. Er wollte für sich und seine nach lohnenden Geldanlagen suchenden Kunden die Brauchbarkeit des Schiffes auf dieser Fahrt untersuchen und war bereits in Rotterdam an Bord des Schiffes gegangen. In der Höhe von Bonn angekommen, war Löhnis wohl der einzige Passagier an Bord, der seinen Blick nicht auf das Bonner Panorama, sondern auf Beuel und den damals noch unbewaldeten Ennert richtete. Hier, auf der Hardt, hatte der Bergmeister Leopold Bleibtreu in Zusammenarbeit mit eben diesem Kölner Handelshaus im Jahre 1806 erfolgreich eine Alaunhütte gegründet, der später noch zwei weitere folgten.

Was der Herr Löhnis in seinem Bericht an die Kölner Handelskammer zur Brauchbarkeit des Schiffes geschrieben hat, ist uns nicht bekannt. Fest steht aber, dass dessen Analyse und die Abwägung von Risiken und Gewinnerwartungen wesentlich dazu beigetragen haben, dass zwei Jahre später (1826) in Köln die *Preußisch-Rheinische Dampfschiffahrtsgesellschaft* gegründet wurde.

Dampfer „Concordia" an der Anlegestelle Hotel „Rheineck" um 1830

Mit der *Concordia,* dem ersten deutschen Dampfschiff, und der *Friedrich Wilhelm*, den ersten beiden Schiffen der Gesellschaft, bedienten sie fortan täglich die Strecke Köln - Mainz und zurück. Beide Schiffe waren vom Bau her vergleichbar. Einige Jahre später (1836) wurde auch in Düsseldorf eine Dampfschifffahrts-Gesellschaft ins Leben gerufen. Eines ihrer Raddampfer, 1843 in Dienst gestellt, wurde auf den Namen *Stadt Bonn* getauft.

Beide Gesellschaften lieferten sich in den Folgejahren heftige Preiskämpfe, bis sie 1853 zur *Köln-Düsseldorfer* fusionierten. Dieses Unternehmen hatte von da an eine marktbeherrschende Stellung inne. So fuhr bereits ab 1830 täglich ein „Marktschiff" für den Personenverkehr und mit landwirtschaftlichen Produkten der Region beladen zwischen Bonn und Köln. Dies wirkte sich nachteilig auf die Bonner und Beueler Schiffer aus, die bisher diesen Dienst in der Hand gehabt hatten und die sich nun nach einem neuen Broterwerb umsehen mussten. Ein Teil der Schiffer fand in der Rheinschifffahrt ein Unterkommen. Andere – so wird berichtet – zog es nach Holland, um auf See zu fahren.

Karl Gutzmer: „Chronik der Stadt Bonn“, Bonn 1988

Die Brüder Boisserée und die königliche Abreise von Bonn

von Alexander Brüggemann

Die Rheinromantik, die neue Mobilität durch Dampfschiffe und Eisenbahn und der beginnende Tourismus brachten den Städten am Rhein ab der Mitte des 19. Jahrhunderts einen großen Aufschwung. Und es verwundert nicht, dass Städte wie Bonn bei gut betuchten Bürgern gerne als Altersruhesitz gewählt wurden.

Nach Bonn zog es auch die Brüder Boisserée, Sulpiz und Melchior – schon die Namen klingen nach Romantik. Die beiden Kölner, Söhne eines wohlhabenden Kaufmanns mit Wurzeln in der Region Lüttich, konnten durch den Reichtum ihres Vaters ihren Neigungen nachgehen. Sie waren Kunstgelehrte, die die mittelalterliche Kunst in Deutschland erforschten, und gehörten zu den ersten Sammlern deutscher und niederländischer Gemälde. Dabei kam ihnen die Säkularisation zugute, die unter Napoleon angeordnete Auflösung von Klöstern und zahlreichen Kirchen rechts und links des Rheins.

Die Sammlung der Brüder machte selbst auf einen Goethe tiefen Eindruck. Sie wurde 1827 von den Boisserées an König Ludwig I. von Bayern verkauft und bildete den Grundstock der Alten Pinakothek in München. Die größten Verdienste erwarben sich die beiden jedoch durch ihre Bemühungen um den Weiterbau des Kölner Doms. Sulpiz Boisserée hatte eine „Geschichte und Beschreibung des Doms von Köln“ verfasst, die nicht nur die Kölner, sondern auch den preußischen Kronprinzen und späteren König Friedrich Wilhelm IV. begeisterte. Der hatte in Bonn studiert und wurde zu **dem** Vertreter der Rheinromantik. Das Ergebnis: 1842 wurden die Arbeiten am Dom wieder aufgenommen.

Aber Melchior (1786-1851) und Sulpiz (1783-1854) zog es nach Bonn. Sie pflegten den Austausch mit den geistigen Größen ihrer Zeit, mit Goethe, der ihre Verdienste um die deutsche Kunst lobte, oder mit dem Altphilologen Friedrich Schlegel. Die Boisserées liebten die vornehme Atmosphäre, den Umgang mit den wohlhabenden Zugezogenen und den führenden Persönlichkeiten der Universität. Und natürlich das Panorama am Rheinufer, das zu erfrischenden Spaziergängen einlud.

Doch ebenso anziehend war das Beueler Rheinufer für die beiden. Denn hier befand sich die Doppelkirche von Schwarzrheindorf, die für alle Kunstliebhaber eine besondere Kostbarkeit darstellt. Und hier geschah es, dass Sulpiz Boisserée im Sommer 1845 einen besonderen Staatsgast den Rhein hinunterfahren sah: die englische Königin Viktoria.

Die hatte Mitte August Bonn besucht. Grund war in erster Linie die Enthüllung des Beethoven-Denkmals auf dem Bonner Münsterplatz. Zuvor hatte Prinzgemahl Albert (nach ihm ist die Prinz-Albert-Straße benannt) seiner Viktoria seinen Studienort Bonn gezeigt. Nach einem Besuch bei der Verwandtschaft in Coburg-Gotha ging es dann per Schiff ab Bonn auf dem Rhein wieder nach Hause.

Dieses Schauspiel besah sich der berühmte Kunstsammler als Zaungast von Schwarzrheindorf aus. Und ein Schauspiel war es sicher. Denn die Königin von England fuhr auf einer brandneuen 45-Meter-Dampfer-Yacht „HMY Fairy“ gen Heimat. – Und für alle technikbegeisterten: Die Yacht gehörte zu den allerersten Schiffen mit Schraubenantrieb.

Im Übrigen: Die Brüder Boisserée sind auf dem Alten Friedhof in Bonn beerdigt.

England und die Rheinromantik

von Michael Vaupel

„Ein Schiff, das im Hafen liegt, ist sicher,
aber dafür werden Schiffe nicht gebaut.“

Englisches Sprichwort

Wer weiß – vielleicht war es auch die Französische Revolution von 1789, die indirekt Städten wie Bonn und später Königswinter beachtliche Touristenzahlen beschert hat. Denn die revolutionären Ereignisse in Frankreich veranlassten englische Bildungsreisende auf dem Weg nach Italien den Rhein entlang zu reisen – statt durch Frankreich. Einige dieser Engländer wurden zu echten Rheinromantikern und berichteten nach ihrer Rückkehr ihren Landsleuten romantisierend vom Mittelrhein. Nehmen wir Lord Byron, den berühmten Dichter der englischen Romantik. Dieser bereiste den Rhein im Jahr 1816 und widmete dem Drachenfels im Siebengebirge viele Verse. Er dichtete u. a.:

Der Drachenfels, zerklüftet, burggekrönt,
am Strom ragt er empor mit trotzgem Sinn,
die breite Wasserbrust dehnt sich und schwillt
zwischen den weingeschmückten Ufern hin.

Doch nicht nur in der Lyrik wurde Vater Rhein gewürdigt, sondern auch in der Malerei. Und wieder erwies sich ein Engländer als Rheinromantiker: William Turner, Englands großer Landschaftsmaler, besuchte 1817 Deutschland und den Rhein. Auf dieser und späteren Rheinreisen malte Turner insgesamt 51 Aquarelle mit Rheinmotiven. Durch Künstler wie Lord Byron oder William Turner wurde das Mittelrheintal vom Zwischenstopp zum eigentlichen Reiseziel. Die Welle der Engländer, die seit ca. 1800 in immer größeren Scharen über den Kanal ins Rheinland reiste, führte sogar dazu, dass Goethe seinen Mephisto in der Walpurgisnacht fragen lässt: „Sind Briten hier?“

Ist das Essig oder Wein?

Die britischen Reisenden waren allerdings nicht ausschließlich aus purer Rheinbegeisterung gekommen. Ein Aspekt war auch die Tatsache, dass die Kaufkraft des britischen Pfund Sterling im Rheinland bedeutend höher war als auf der heimischen Insel. Nur am Rande sei vermerkt, dass auch der amerikanische Schriftsteller düsterer Geschichten, Edgar Allan Poe, den Rhein bereiste. Natürlich brachte er seine Eindrücke zu Papier und schrieb: „Ihren Rheinwein trinken sie aus grünen Flaschen, auf den sie ein Etikett mit dem Aufdruck Wein kleben, damit man ihn vom Essig unterscheiden kann."

Wegen der romantischen Rheinlandschaft und der anregenden Bonner Gesellschaft sind viele Engländer in Bonn „hängengeblieben" und haben sich hier niedergelassen. Um die Mitte des 19. Jahrhunderts hatten annähernd 1.000 Engländer in Bonn ihren Wohnsitz. Achtzig davon haben ihre letzte Ruhestätte auf dem Alten Friedhof gefunden.

Es dauerte einige Zeit, bis die Reisewelle der englischen Reiseromantiker auch bei der deutschen Bevölkerung zu der Erkenntnis führte, dass sich das Rheinland als Reiseziel eignet. Auch aufgrund von Gedichten wie *Die Lore-Ley* von Heinrich Heine (1824), der sich im Sommer 1820 für einige Zeit nach Beuel zurückgezogen hatte, um hier ungestört an seiner Tragödie „Almansur" zu arbeiten, stand die erste Hälfte des 19. Jahrhunderts im Zeichen der Rheinromantik. Vormals kaum beachtete Ruinen wie der Drachenfels oder der Rolandsbogen wurden zum Inbegriff der Rheinromantik. Diese Phase ebbte später zwar etwas ab, setzte sich aber bis ins 20. Jahrhundert fort. Als ein Spätwerk der Rheinromantik gilt z.B. das Theaterstück *Der Fröhliche Weinberg* von Carl Zuckmayer aus dem Jahr 1925.

Ist die Rheinromantik inzwischen ausgestorben? Der Verfasser merkt an, dass ihm zumindest in Beuel noch lebende Rheinromantiker bekannt sind. Und so manch einem mag es auch heutzutage noch gehen wie einst Goethe, der diese Zeilen verfasste: „Wie begrüßte ich so oft mit Staunen die Fluten des Rheinstroms, wenn ich, reisend nach meinem Geschäft, ihm wieder mich nahte! Immer schien er mir groß und erhob mir Sinn und Gemüte."

Nicolaus Christian Hohe:
"Blick von der Godesburg mit Familie Smyth", 1840
Das Bild zeigt die britische Familie zusammen mit dem dänischen Kronprinzen Christian von Holstein-Glücksburg während eines Ausflugs auf der Godesburg
© Siebengebirgsmuseum der Stadt Königswinter.

Goethes nasser Arsch in Bonn

von Sylva Harst

Wenn wir „Goethe“ hören, denken die meisten von uns wohl als erstes an seine zahllosen Gedichte und Theaterstücke. Aber Goethe war auch Staatsbeamter, Geheimer Rat, und damit Mitglied der Regierung des Herzogs von Sachsen-Weimar. Und als solch ein Politiker begleitete er 1792 den Herzog und das österreichisch-preußische Heer auf dem Weg nach Frankreich. Der Krieg galt den Revolutionären und der Rettung des französischen Throns. Das Revolutionsheer hatte jedoch Erfolg und drängte die angreifenden Truppen schon bald zum Rückzug.

Der war nicht einfach. Die Wege waren miserabel, die Soldaten deprimiert. Die Geschütze sollten nicht in die Hände des Feindes fallen, doch die Pferde, die sie zogen, starben reihenweise an Erschöpfung. Also mussten die Reiter ihre Tiere abgeben und zu Fuß marschieren, was sie nicht gewohnt waren.

Der Herzog war jedoch ein treusorgender Landesvater. Auf seine Anordnung hin wurden nun Reiter und Verwundete per Schiff über die Mosel an den Rhein gebracht. Unter ihnen war auch Goethe, der über den Rückzug nicht traurig war. Obwohl von Natur aus neugierig, war der Krieg nichts für einen so feinsinnigen Menschen wie ihn, und Revolution schon gar nicht. Er schätzte sich glücklich, dem allgemeinen Durcheinander wenigstens in etwa entkommen zu können.

Goethe fürchtete sich vor jeder Fortsetzung des Krieges. Er erbat Urlaub von seinem Landesherrn und mietete sich in Koblenz einen Kahn, um auf schnellstem Weg mit seinem Diener Paul und einem „blinden Passagier“ (was nichts anderes hieß, als dass er fremd war) nach Düsseldorf zu gelangen. Nun hielt er sich für „glücklich und von allem Übel befreit“.

Doch es standen ihm noch „einige Abenteuer bevor“. Schon nach kurzer Zeit begann der Fährmann, von Zeit zu Zeit fleißig Wasser aus dem Kahn zu schöpfen. In der Eile hatte Goethe nicht daran gedacht, dass die Schiffer von Koblenz bis Düsseldorf des Öfteren ein altes Boot für diese „weite Strecke“ zu nehmen pflegten. Das Boot wurde dann in Düsseldorf als Brennholz verkauft. Und mit dem Geld in der Tasche wanderte der Schiffer freudigen Herzens nach Hause.

Es war der 30. Oktober 1792, eine sehr kalte, sternenhelle Nacht. Der Kahn kam gut voran, und alles schien in bester Ordnung, als plötzlich der fremde Passagier an Land gesetzt werden wollte. Er konnte sich jedoch nicht mit dem Schiffer einigen, welche Stelle für einen Wanderer die beste sei. Der Streit nahm an Heftigkeit zu und wurde schließlich so rabiat, dass der Schiffer ins Wasser stürzte und nur mit Mühe wieder in den Kahn gezogen werden konnte.

Dem nassen Schiffer war entsetzlich kalt, und er bat dringend, in Bonn an Land fahren zu dürfen, „um sich zu trocknen und zu erwärmen“. Goethes Diener Paul ging mit ihm in eine Schifferkneipe, während Goethe im Kahn blieb, glücklich allein zu sein, aber auch, weil er die letzten sechs Wochen meist unter freiem Himmel geschlafen hatte.

Der Schiffer hatte den Kahn so weit wie möglich auf den Strand gezogen, aber nicht so weit, dass das Wasser nicht doch eindringen konnte. Als Goethe aus tiefem Schlaf erwachte, fand er sich doppelt erfrischt: Er fühlte sich nicht nur ausgeruht, sondern auch durchnässt. Das Wasser war bis zu ihm und seinen Habseligkeiten vorgedrungen und hatte nichts verschont.

Nun war auch er genötigt, das Wirtshaus aufzusuchen, um sich und seine Kleidung so gut wie möglich zu trocknen. Und er befand sich da, wo er nicht hinwollte, „in Tabak schmauchender, Glühwein schlürfender Gesellschaft“. Am Morgen genoss er jedoch den „Anblick eines friedlichen Wasserspiegels“, und trotz verspäteter Abreise hatte er nach kurzer Zeit das Gefühl, alles sei nur ein böser Traum gewesen.

Goethe, Johann Wolfgang: Sämtliche Werke 14, Autobiographische Schriften der frühen Zwanzigerjahre, Campagne in Frankreich 1792, Münchener Ausgabe, München 2006, S. 429-461

Von der „Beueler Platte“ und dem „Rheindorfer Loch“

von Hans Paul Müller

„Und wär ich jetzt Kaiser vom deutschen Reich,
Geschehen müsste fürwahr das eine:
Ich machte zu meiner Hauptstadt sogleich
Dich einziges Beuel am Rheine.“

– Hans Eschelbach (1868-1948)

Viele Beueler und Bonner werden den Anblick kennen: Ein Baggerschiff geht am Rand der Fahrrinne des Rheins vor Anker und baggert Sand und Kies aus. Diese Arbeiten werden alle paar Jahre notwendig, um an dieser Stelle eine Fahrtiefe von 2,50 Meter und eine 150 Meter breite Fahrrinne sicherstellen zu können. Denn die sogenannte „Beueler Platte“ bezeichnet die flachste Stelle im Rhein zwischen Koblenz und Emmerich. Bei Niedrigwasser konnte es – wie im Dürrejahr 2018 – durchaus sein, dass die Binnenschiffe weniger zuladen konnten als üblich – weil sie sonst zu viel Tiefgang für die „Beueler Platte“ gehabt hätten.

Wie kam es zu der Herausbildung der „Beueler Platte“?

Bis zum letzten Viertel des 18. Jahrhunderts floss der Hauptarm der Sieg wie heute rund 1.500 Meter parallel mit dem Rhein und mündete unterhalb der langgestreckten Insel Kemper Werth (später auch Pfaffenmütze/Fort Isabelle genannt) in den Rhein.

1777 wurde der Unterlauf des Flusses begradigt und ergoss sich nunmehr, rund 1.500 Meter südlich der alten und jetzigen Mündung, im rechten Winkel in den Rhein. Diese Flussregulierung erwies sich jedoch recht bald als nachteilig.

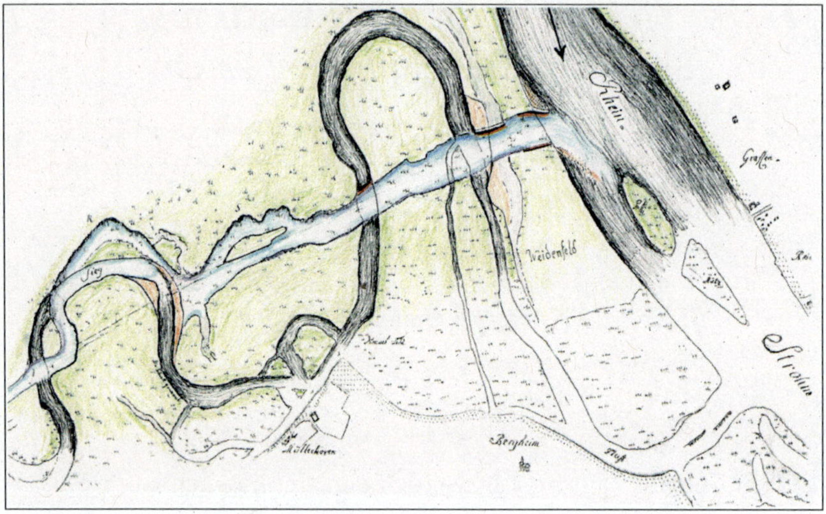

Die 1777 von W.C. Bilgen geplante Siegbettregulierung.
Quelle: Heimat- und Geschichtsverein Troisdorf e. V., 2014

Besonders bei Hochwasser führte die Sieg gewaltige Sand- und Kiesmassen mit und lagerte sie vor der Mündung im Rhein ab. Im Laufe der Jahre schoben sich die Geröllmassen immer weiter in den Rhein vor, bildeten dort eine Barriere und verflachten das rechte Rheinufer – die „Beueler Platte“ entstand. Hierdurch wurde der Hauptstrom des Rheins auf die äußerste linke Seite nach Graurheindorf gedrängt. Dieses wiederum hatte zur Folge, dass sich dort im verengten Strombett die großen Wassermassen eine tiefe Rinne gruben – das sogenannte „Rheindorfer Loch“.

Die Fahrrinne war hier so schmal, dass sie nur ein Schiff passieren konnte, ohne links oder rechts auf Grund zu laufen. Zahlreiche Wracks, gefunden auf der Beueler Seite, zeugen von der Gefährlichkeit dieses Engpasses.

Nach dem Aufkommen der Dampfschifffahrt und einer damit einhergehenden immer größer werdenden Verkehrsdichte auf dem Rhein waren die Verhältnisse vor der Siegmündung dann so bedrohlich geworden, dass sich die preußische Regierung gezwungen sah, Abhilfe zu schaffen.

Ab 1852 begann man deshalb, den Mündungslauf der Sieg wieder in seine ursprüngliche Richtung zu verlegen. Mit einem Stein- und Holzdamm, zwischen der oberen Pfaffenmütze und dem Festland gebaut, wurde die Insel Kemper Werth mit dem Festland verbunden und verwehrte der Sieg an dieser Stelle den Abfluss in den Rhein. Weiter wurden beiderseits des Rheins Buhnen gebaut. Durch diese und andere Wasserbauten und Auskiesungen hoffte man, dass die Strömung des Rheins helfen würde, die vorhandenen Sandbänke zum Abtrieb zu bringen. Die Hoffnung hierauf trog allerdings. In den 1880er Jahren gab es deshalb erhebliche weitere Arbeiten: Steine unter Wasser wurden gesprengt, hunderte größere Steine per Steinzange gehoben und Kies gebaggert.

Lichtsignale und „Wahrschaustation“

Doch die Situation blieb für die Rheinschifffahrt problematisch. Aus diesem Grund wurden vor Ort Flaggen- und Lichtsignalanlagen installiert, um die Sicherheit des Schiffsverkehrs zu gewährleisten. Das war nichts grundlegend Neues: Bereits im Mittelalter soll es richtungsweisende Landzeichen gegeben haben. Der Schwarzrheindorfer Pfarrer Peter Josef Vinken (1868-1903) berichtet von einem ehemals an der Nordseite der Doppelkirche stehenden Turm:

„Der Thurm ist wahrscheinlich ein Rhein-Warthurm gewesen und viel älter als die Kirche. Der Thurm soll auch als Signalthurm gedient haben für die Schiffer wegen der gefährlich Schiffahrt bei Grau-Rheindorf. Abends soll in der Spitze des Thurms in einer Laterne ein Licht für die Schiffer angezündet worden sein.“

In den 1880er Jahren wurde dann in Gensem – etwas nördlich der Mündung des Vilicher Baches gelegen – eine sogenannte „Wahrschaustation“ (= Achtung oder Vorsicht) eingerichtet. Diese von den Rheinschiffen aus gut sichtbare Station sollte für den reibungslosen Ablauf des Schifffahrtsverkehrs sorgen. Diese Aufgabe wurde einem „Wahrschauer“ übertragen. Dessen Aufgaben beschreiben Bursch und Passmann wie folgt:

„Der am Ufer zum Schutz der Schifffahrt stationierte ‚Wahrschauer‘ hat die Verpflichtung, das Annähern aller zu Tal gehenden Fahrzeuge

durch Aufziehen der Flagge bemerkbar zu machen, und zwar in folgender Weise: Wenn ein einzelnes Schiff zu Tal kommt, durch Aufziehen der weißen, und wenn ein Floß antreibt, durch Aufziehen der roten und weißen Flagge. Des Nachts brennt in der Nähe ein Licht auf einem Pfahl."

Das Wahrschauhäuschen war in Holzbauweise errichtet und stand wegen der ständigen Hochwassergefahr auf einem ca. zwei Meter hohen, aus Basaltsteinen gemauerten Unterbau. Daneben befand sich eine Bank, von der aus der Wahrschauer bei gutem Wetter seiner Tätigkeit nachgehen konnte. Bei schlechter Witterung konnten die Signalflaggen aus einer Öffnung des Satteldaches heraus bedient werden.

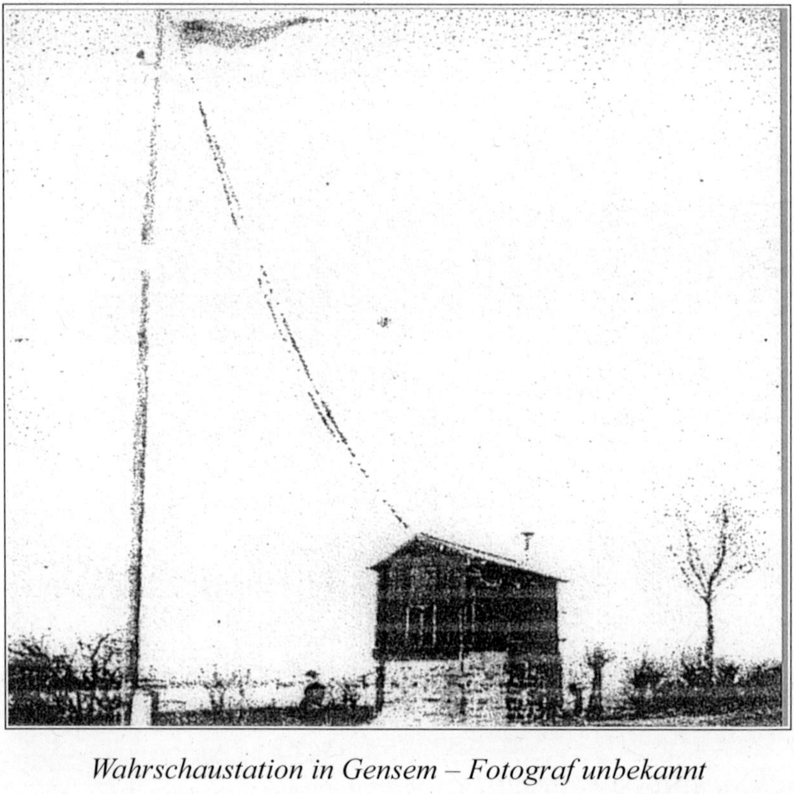

Wahrschaustation in Gensem – Fotograf unbekannt

Der letzte Wahrschauer war der Beueler Schiffskapitän Barthel Ramrath, der in der Rheinstraße 35a (heute Rheinaustraße) wohnte. Ein Blick in das Adressbuch der Stadt Bonn aus dem Jahre 1902 zur „Gemeinde Vilich-Rheindorf" zeigt, wer in seiner unmittelbaren Nachbarschaft wohnte. So fanden sich dort weitere Schiffer, der Stationsvorsteher der „Bröltalbahn" sowie ein „Brückengeldeinnehmer". Alles Berufe, die es heute in Beuel in dieser Form nicht mehr gibt. Die alte Weisheit, „die Beueler lebten am und vom Rhein", bewahrheitet sich hier trefflich.

Auf dem linken Rheinufer standen in Graurheindorf im Abstand von einem Rheinkilometer zwei Signallampen. Der Graurheindorfer Lehrer Karl Hoch erklärte 1949 im „Heimatbuch eines Bonner Vorortes" deren Funktion wie folgt: *„Schiffe, die bei Nacht stromab fuhren, hielten zuerst auf die erste Laterne am rechten Ufer, um den Untiefen in der Gegend des Schänzchens zu entgehen, dann ging der Kurs scharf auf die zweite und endlich auf die dritte Laterne zu. Noch heute halten die Schiffe bei Niedrigwasser diesen Weg ein."*

Die erste linksrheinische Signallampe stand im Gebiet des heutigen Graurheindorfer Hafens, die zweite Laterne im Bereich Brungsgasse/ Estermann-Ufer auf der Mauer eines Gartens neben der alten Schule. Das Aushängen der Laternen auf dem linken Rheinufer besorgten durch viele Jahre hinweg Angehörige Rheindorfer Familien. *„Bei Kriegsausbruch 1914 wurde der Signaldienst eingestellt",* schreibt Hoch abschließend dazu.

Nach der Verbreiterung der Fahrrinne im „Rheindorfer Loch" auf 150 Meter wurde auch die Gensemer Signalstation überflüssig und 1913 aufgelöst. Das Wahrschauhäuschen wurde abgebaut und der Basaltsockel nach Angaben des Schwarzrheindorfer Heimatkundlers Andreas W. Röder gesprengt. Vom ehemaligen Wahrschauhäuschen ist dort heute nichts mehr zu sehen.

Die „Beueler Bürgerzeitung" schrieb dazu in ihrer Ausgabe vom 24. April 1913:

„Die Warschau unterhalb von Schwarz-Rheindorf, die mehrere Menschenalter bestanden hat, um vorbeifahrende Schiffe auf das

*sogenannte `‚Rheindorfer Loch' im Rhein aufmerksam zu machen, ist aufgehoben worden. Leider hat man auch die Ruhebänke, die den Spaziergängern auf ihrem Wege nach der Sieg oft sehr zustatten kamen, beseitigt. Wir möchten dem Verschönerungsverein (*Anm. d. Verfassers: „Verein zur Hebung und Verschönerung von Beuel") *den Vorschlag machen, die Ruhebänke an der rauchenden Bröltalbahn weg zu nehmen, um sie an den früheren Platz der Warschau zu versetzen."*

Der Graurheindorfer Heimatkundler Dieter Bissing (†) und Käpt'n Reiner Burgunder (rechts) vom Schiffer-Verein Beuel mit dem Fragment der dritten Laterne.

Der Rhein als Konjunkturmotor der Beueler Industrie

von Wolfgang Zimmer

Käthe träumte mal wieder. Wie schön doch das Leben hätte sein können, wenn sie auf der anderen Rheinseite geboren worden wäre. Dort, wo die Menschen in feinen Kleidern flanierten, wo junge Männer an der Universität schöne Künste oder Naturwissenschaften studierten. Und wo sie sich vielleicht einen der jungen Männer hätte angeln können. Käthe hatte viel Zeit zum Träumen, wenn sie am Beueler Rheinufer die kostbare Wäsche der bürgerlichen Bonner oder Kölner Familien zum Bleichen auslegte. Es war schwere Arbeit, die Hände im Winter immer kalt und klamm.

Aber immerhin hatte sie Arbeit. Wie die meisten in Beuel, dachte Käthe, wenn sie in ihren Gedanken wieder in die Realität zurückkehrte. Denn hier fanden auch ungelernte Männer und Frauen ohne lange Suche bezahlte Arbeit. Das war nicht immer so gewesen. Die furchtbare Armut im früheren Fischerdorf Beuel kannte Käthe nur aus den Erzählungen ihrer Eltern und Großeltern. Doch die Verhältnisse hatten sich geändert, als die ersten Industriebetriebe sich in Beuel niederließen.

Dabei spielte der Rhein eine große Rolle, der Fluss, der auch Käthe mit seinen großen Uferwiesen die Möglichkeit gab, mit der Wäschebleiche Geld zu verdienen. Der Rhein als große Wasserstraße, die quer durch Europa zog, ließ auch Beuel teilhaben am wirtschaftlichen Aufschwung. Weil die Rohstoffe, die die neuen Fabriken brauchten, über den Strom schnell und sicher angeliefert werden konnten. Und die Waren, die die neuen Industriellen in Beuel produzierten, wurden vom Rheinufer aus verschifft und im besten Fall in alle Welt verkauft. Transporte über Land waren damals wesentlich kostspieliger.

Es gab zwar schon im 18. Jahrhundert erste Versuche, in dem kleinen unbedeutenden Fischerdorf Beuel mit Industrie Geld zu verdienen. Der große Durchbruch kam aber erst mit der Alaunhütte Anfang des 19. Jahrhunderts. Der Bergmeister Leopold Bleibtreu hatte entdeckt, dass die Kohle hinter dem Ennert sehr viel Alaun enthielt. Das wertvolle schwefelhaltige Doppelsalz wurde in den Gerbereien zur Vorbehandlung der Häute benutzt und in Färbereien und Druckereien zum Beizen. Die Fundstelle auf der Hardt wurde zur größten Alaunhüttenunternehmung Preußens.

Die Voraussetzungen für die Ansiedlung von Industrie in Beuel waren hervorragend: Der Rhein sorgte für Absatzmöglichkeiten, die niedrigen Bodenpreise machten Grunderwerb auch für größere Fabriken erschwinglich, und der Bau der rechtsrheinischen Eisenbahnlinie Köln-Deutz/Neuwied 1871 machte den Standort noch verkehrsgünstiger. Außerdem war Beuel industriefreundlich. Die Fischer, Schiffer und Bauern, die immer seltener von ihrer schweren Arbeit leben konnten, waren froh um jeden neuen Arbeitsplatz, der in ihrer Nachbarschaft entstand.

Diese neuen Arbeitsplätze hatten sie nicht zuletzt auch einem Mann von der anderen Rheinseite zu verdanken. Der damalige Bonner Bürgermeister Leopold Kaufmann vergraulte die Industriellen in Bonn, das er zu einer „sauberen" und eher weltmännischen Stadt machen wollte. Bonn, so Bürgermeister Kaufmann, sei „mehr darauf angewiesen, in dem weitverbreiteten Rufe unserer Hochschule und in den verschiedenen Annehmlichkeiten des Lebens, welche die reizende Lage und die Genüsse der Kunst und Wissenschaft bieten, die Quellen ihres Wohlstandes zu finden, als in der Entwicklung einer großartigen industriellen Thätigkeit." So ist es in der Chronik der Stadt Bonn nachzulesen.

Es war zwar noch kein Wendepunkt in der Geschichte Beuels als Industriestandort. Aber viele Fabrikanten – wie etwa Dr. L. C. Marquardt – hatten die Botschaft verstanden. Marquardts chemische Fabrik störte mit ihrem Geruch die Bewohner in der Bonner Südstadt. Er und andere Unternehmer schauten sich in der näheren Umgebung um. Beuel zeigte sich ihnen auf der anderen Rheinseite wie auf dem Präsentierteller. Mit unübersehbaren Vorzügen: eine ebenso gute Lage am Rhein, günstige Grundstückspreise und eine Bevölkerung, die sich vor schwerer Arbeit nicht scheute. Die Arbeit in der Industrie war für sie eine begehrte Alternative zu ihren bisherigen Tätigkeiten auf dem Feld oder im Fischerboot. Auch die Arbeit auf der Rheinfähre oder in der Rheinschifffahrt war längst nicht so profitabel wie eine regelmäßige Arbeit in einer der neuen Fabriken.

Und die kamen schnell. Basaltabbau an der Dornhecke und am Finkenberg in der ersten Hälfte des 19. Jahrhunderts; die Zementfabrik 1856, die Jutefabrik 1868, die Marquart-Werke 1882 und sechs Jahre später die Dachpappenfabrik Andernach. Für letztere hatte die Jutefabrik quasi die Vorarbeit geleistet. Denn Jute wird für die Herstellung von Dachpappe benötigt, und so sah der Iserlohner Geschäftsmann August Wilhelm Andernach in Beuel die besten Voraussetzungen für seine Firmengründung.

Er kaufte 1888 von einem Apotheker in Beuel eine Teerkocherei, die er ausbaute und die „Mittelrheinische Theerproducten- und Dachpappen-Fabriek A.W. Andernach" gründete. Aus dem kleinen Betrieb wurde schnell eine der modernsten Dachpappefabriken. Die seit 1898 fabrizierte KOSMOS-Falzbaupappe mit eigenem Patent brachte der Firma Weltruf ein. Auch hier spielte der Rhein als internationale Wasserstraße und Transportweg für die Teerprodukte eine große Rolle. Und nicht nur dafür. Die Industrialisierung hatte auch Folgen für die Beueler Infrastruktur.

Am Beueler Ufer wurde zunächst eine provisorische Hafenwerft gebaut, eine Anlegestelle nördlich der Rheinbrücke. Dort entluden vorwiegend niederländische Schiffe, die von den dortigen Seehäfen kamen, unter anderem die Jute für die Jutespinnerei. Das Provisorium reichte aber wegen der zunehmenden Industrialisierung nur wenige Jahre aus. Schließlich wurde eine 1,5 Kilometer lange Werftmauer errichtet.

Vor dem Bau der Anlage mussten die Schiffe mit der Rohjute zunächst im gegenüberliegenden Bonn entladen werden. An der Werftanlage unterhalb des Alten Zolls standen Pferdewagen bereit, die die Jute dann mit der Fähre über den Rhein nach Beuel brachten. Erst mit dem Bau einer eigenen rechtsrheinischen Werft konnten die Frachtschiffe direkt in Beuel anlegen

aus Bildsammlung „Bonn“ von Rolf Sachsse, Bonn 2016
© Bundesstadt Bonn, Stadtarchiv und Stadthistorische Bibliothek

Möglich wurde das Projekt durch den Bau der Rheinbrücke. Das Gelände nördlich der Brücke gehörte der Bonn-Beueler Fähr-Actien-Gesellschaft. Sie stellte wegen der neuen Brücke gezwungenermaßen ihren Betrieb ein, und das Grundstück konnte für die neue Werftanlage genutzt werden. Sie lag in südlicher Verlängerung der Bahnhofsanlagen der Bröltal-Eisenbahn. Die Schmalspurbahn lieferte Basalt und Quarzit ans Rheinufer. Wie wichtig die Verladestation für die Jutespinnerei war, zeigt sich in der Jahresbilanz 1912: Darin ist eine Summe von 13.000 Mark vermerkt. Das Geld war für den Ausbau der Anlegestelle gedacht. Auch vor dem Bau der Werft- oder Hafenanlage kam die Rohjute über das Wasser des Rheins nach Beuel. Die wuchtigen Ballen wurden kurzerhand auf dem Rhein von den Frachtschiffen auf kleine Kähne umgeladen und an Land gebracht. So verdienten auch einige Beueler Schiffer im Umfeld der Jute-Fabrik ihr Geld mit dem damals so genannten „Jute-Fletten“.

Am Beueler Hafen – K. Großjohann, H. Lamberz und B. Latz: „Beuel: Fotografische Erinnerungen" 1989

Die Industrialisierung brachte so viele Arbeitsplätze nach Beuel, dass weit über die Grenzen des Rheinlandes hinaus nach Arbeitskräften gesucht wurde. Die Bröltalbahn, die erste Schmalspurbahn Deutschlands, die zunächst die Basaltsteinbrüche im Westerwald mit dem Beueler Hafen verband, transportierte schon bald Arbeiter von weiter her zu den Fabriken im Umfeld der Siegburger Straße. Als auch das nicht mehr ausreichte, suchten die Beueler Fabriken selbst im Ausland nach Arbeitskräften, um ihre Produktion sicherzustellen. Denn die Industrie in Beuel wuchs und wuchs. Nachdem der Standort sich als ausgesprochen geeignet erwiesen hatte, wurden weitere neue Fabriken gebaut: die Vaseline-Fabrik 1885, die Rheinische Tapetenfabrik 1893. Später kamen dann noch das Guilleaume-Werk, die Rheinischen Schmirgel-Werke und die Rheindorfer Möbelfabrik hinzu, um nur einige zu nennen.

Schon Mitte des 19. Jahrhunderts hatte sich Beuel völlig gewandelt – vom kleinen verschlafenen Fischerdorf zum hochmodernen Industriestandort. 80 Prozent der Arbeitskräfte verdienten damals ihr Geld in einer der neuen Fabriken. 1850 waren 5000 Männer und Frauen in der Beueler Industrie beschäftigt – viele davon Gastarbeiter aus Italien, Böhmen und Mähren.

Das hatte natürlich auch Folgen für die Gesellschaft des Örtchens am Rhein. Allein in der Jutefabrik arbeiteten zur Blütezeit 1200 Arbeiter, darunter viele Ausländer mit den unterschiedlichsten Interessen. Nicht allen Beuelern waren die neuen Nachbarn willkommen. Viele Einheimische kamen mit der anderen Kultur, die die ausländischen Arbeiter mitbrachten, nicht zurecht. Bürgermeister Breuer prangerte die „Sittenlosigkeit" der ausländischen Arbeiter an. Er kritisierte aber auch die niedrigen Löhne, die in der Jutespinnerei bezahlt wurden.

In diesem internationalen Schmelztiegel gab es aber auch neue Impulse, die das Beueler Kulturleben und die Freizeit bereicherten. Beschäftigte der „Jute", wie die Fabrik damals genannt wurde, gründeten 1897 den Beueler Turnverein. Sie trafen sich im Rheingoldsaal zu Beuel. In der Gründungsurkunde wurde als Vereinszweck „die Pflege des deutschen Turnens, die Ausbildung körperlicher Kräfte und Gewandtheit, die Erweckung und Befestigung einer sittlich mannhaften und vaterländischen Gesinnung" genannt. Der Verein wurde von der Jute-Spinnerei unterstützt. Sie stellte für die sportlichen Aktivitäten ein Grundstück zur Verfügung.

Ein anderer Verein, der Österreichische Mandolinen Club, besteht noch heute, wenn auch unter anderem Namen. Auf Druck der Nazis (weil Österreich von der Landkarte verschwunden war) nannte sich der Verein um in „Mandolinen Club Wien". Johan Beyer aus Breitenau im Sudetenland hatte den Musikverein gegründet. Er gehörte zu den Arbeitern, die durch Anwerbungen im Ausland in die Beueler Industrie gelockt worden waren.

Nicht allen Arbeitern tat der Umzug gut. Viele von ihnen kamen ohne jegliche Geldmittel in Beuel an und waren ihren Arbeitgebern hoffnungslos ausgeliefert. Mit den geringen Löhnen konnten sie ihren Lebensunterhalt kaum finanzieren. Wurden sie entlassen, fielen sie der örtlichen Armenverwaltung zur Last. Hinzu kam die resolute Praxis der Unternehmen, bei knapper Auftragslage zunächst die Ausländer zu entlassen. Die Gemeinde versuchte dann mit großem Aufwand, die Betroffenen wieder in ihre Heimatländer abzuschieben.

Durch das niedrige Lohnniveau und die nicht gerade arbeitnehmerfreundliche Atmosphäre entstand in der Jutefabrik eine Art Keimzelle der Sozialdemokratie. Im Oktober 1913 wird in der Gaststätte Hubert Seul in der heutigen Hans-Böckler-Straße die Beueler SPD gegründet. Unter den Gründungsmitgliedern waren damals viele „Gastarbeiter“. Vor allem aus Österreich, aus Italien und Osteuropa, die ihre sozialdemokratischen Ideen aus ihrer Heimat mit nach Beuel gebracht hatten.

Im Umfeld der SPD organisierten sich dann noch mehrere sozialdemokratische Vereine, wie etwa der Radfahrverein „Frisch-Auf“. Ihr Vereinslokal war das Restaurant „Zur Erholung“ von Hermann Thiebes. Für den Wirt ein großes Risiko, weil Bürgermeister Friedrich Breuer allen Wirten, die sozialdemokratischen Vereinigungen die Türen öffneten, drohte, ihre Lokale zu schließen.

Die meisten der genannten Fabriken gibt es heute nicht mehr. Die Ursprünge der Industrialisierung sind aber bei einem Spaziergang rund um die Siegburger Straße noch deutlich zu erkennen.

Das Trajekt

von Sylva Harst

Die erste Hälfte des 19. Jahrhunderts war eine aufregende Zeit. In den Jahren 1806 bis 1871 gab es kein Deutschland. Der österreichische Kaiser Franz II. hatte die Krone des Heiligen römischen Reiches deutscher Nation niedergelegt und war fortan nur noch Franz I., Kaiser von Österreich. Deutschland war in zahlreiche Kleinstaaten zerfallen, und jeder hatte seine eigenen Gesetze und Verordnungen, für die Wirtschaft mit der beginnenden Industrialisierung eine Katastrophe.

Seit 1815 hatten die Preußen das Sagen im Rheinland. Es war keine Liebesehe. Den protestantischen Preußen waren die katholischen Rheinländer mit ihrer unbeschwerten Art suspekt. Und diese Preußen mussten nun zu allem und jedem, was im Rheinland geschehen sollte, ihren Segen geben. Das war oft ein schwieriges Unterfangen.

Ende des 18. Jh. war in England die Dampfmaschine erfunden worden, die Voraussetzung für Dampfschifffahrt und Eisenbahn. 1816 fuhr zum ersten Mal ein Dampfschiff den Rhein herauf von Rotterdam bis Köln. Eigentlich sollte es bis Koblenz kommen. Aber in Köln ging ihm die Puste aus. Trotzdem war damit die Dampfschifffahrt auf dem Rhein eingeläutet.

Der Schiffsweg wurde zum schnellsten Reiseweg. Ab 1825 verkehrten regelmäßig Schiffe zwischen Köln und Straßburg und benötigten für die Strecke rheinauf 74 1/2 Stunden. Im gleichen Jahr wurde die erste Dampfschifffahrtsgesellschaft in Karlsruhe gegründet. Mainz und Köln folgten ein Jahr später. Die Rheinschiffer sahen eine rosige Zukunft vor sich.

Aber dann kam die Eisenbahn. 1835 fuhr der erste deutsche Zug, die Ludwigsbahn, von Nürnberg nach Fürth. Das war der Beginn einer nie gekannten Mobilität, an der jeder teilhaben wollte: Die Großen gründeten Eisenbahngesellschaften, die Unternehmer sahen die Möglichkeit, ihre Produkte nun überregional zu vermarkten, und die Menschen konnten schon bald „schnell" von A nach B kommen, ohne dass eine Poststation zum Wechseln der Pferde vorhanden sein musste. Denn bis dato war die Pferdekutsche das einzige Beförderungsmittel gewesen.

Schon 1835 wurde die Rheinische Eisenbahn-Gesellschaft in Köln gegründet, die allerdings erst zwei Jahre später die Konzession zum Bau von Eisenbahnlinien erhielt. In den folgenden Jahren entstanden innerhalb des rheinischen Großraums die Hessische Ludwigsbahn, die Rhein-Nahebahn, die Nassauische Rhein- und Lahnbahn und die Bonn-Kölner Eisenbahngesellschaft.

Diese Bonn-Kölner Eisenbahngesellschaft erreichte es, dass 1844 eine Eisenbahnlinie zwischen Köln und Bonn in Betrieb ging. Der Bahnhof Köln lag damals am Pantaleonstor in der Nähe des Salierringes. Gelegentlich fuhren die Züge nicht auf eigenen Bahnkörpern, sondern durch die Straßen der Stadt. Und die Bahnhöfe glichen eher Wohnhäusern als stattlichen Bauten.[1]

Bis zur Erweiterung der Strecke von Bonn nach Rolandseck vergingen jedoch ganze elf Jahre. Da war nicht nur der Widerstand der Aktionäre zu überwinden, die wirtschaftliche Nachteile für die Stadt Bonn befürchteten. Es gab auch erhebliche technische Schwierigkeiten beim Bau der Eisenbahntrassen durch die Enge des Rheintals. Das größte Hindernis aber war Berlin.

Wie schon erwähnt, war das Verhältnis Preußen-Rheinland nicht einfach. Aber wenn dann die Preußen auch noch untereinander stritten, wurde die Angelegenheit problematisch. Der preußische Handelsminister befürwortete den Ausbau der Bahnstrecke sowohl rechts wie links des Rheins, da er die wirtschaftliche Bedeutung von Eisenbahnlinien erkannte. Der Kriegsminister lehnte sie jedoch vehement ab. Er bevorzugte den Bau einer rechtsrheinischen Strecke, da der Rhein im Falle eines Krieges mit Frankreich als Grenze dienen konnte.

---

[1] Professor Dr. Heinrich Neu: Der Anschluss des rechtsrheinischen Raumes von Bonn an den Eisenbahnverkehr, Studien zur Heimatgeschichte des Stadtbezirks Bonn-Beuel, Heft 15, Bonn 1971, S. 8 ff

Die nassauische Regierung erteilte 1852 der Wiesbadener Eisenbahngesellschaft die Konzession zum Bau einer Bahnlinie von Wiesbaden bis Niederlahnstein. Daraufhin genehmigte der preußische König zwei Jahre später den Ausbau der Strecke Köln-Rolandseck über Koblenz hinaus bis zur Landesgrenze bei Bingen. Die Strecke bis Koblenz konnte 1858 fertiggestellt werden.

Schon ein Jahr nach der Eröffnung der linksrheinischen Eisenbahnstrecke sahen die Schiffer der Zukunft mit Sorgen entgegen und wandten sich an den Kölner Regierungspräsidenten. Sie befürchteten, dass der Personen- und Warentransport durch die Eisenbahnen zu einer „Verödung der Wasserstraße“ führen würde. Die Eisenbahn war zu einer gefährlichen Konkurrenz geworden.

Trotzdem setzte die Rheinische Eisennbahngesellschaft alle Mittel ein, um die Konzession für den Bau einer rechtsrheinischen Eisenbahnlinie zu erhalten. Mit Erfolg. Und 1869 konnte als erster Abschnitt die Strecke Niederlahnstein-Neuwied in Betrieb genommen werden. Eine Konzession für den weiteren Ausbau wurde jedoch nur genehmigt, wenn eine Verbindung zwischen dem rechts- und dem linksrheinischen Ufer nach Bonn geschaffen werde.[2]

Wie kamen Züge nun ohne eine Brücke über den Rhein? Auch dafür fand man eine Lösung. Eine neue Technik wurde erfunden: das Trajekt. Das war eine Art Großfähre, ein großes flaches Fahrzeug, ca. 70 m lang, das vier Eisenbahnwagen tragen konnte. Eine Lokomotive wäre zu schwer gewesen. Deshalb schob sie die Wagen auf die Fähre, blieb selbst aber an Land zurück.

Mit Hilfe eines verankerten Stahlseils wurde die Fähre über den Rhein gezogen zum anderen Ufer. Dort wartete eine weitere Lokomotive, die die Wagen zum nächsten Bahnhof zog. Das Stahlseil selbst war so schwer, dass es auf dem Grund des Rheins lag und so die Schifffahrt nicht behinderte. Der Antrieb erfolgte über eine kleine Dampfmaschine an Bord der Fähre.

Für die Eisenbahngesellschaft war es also kein Problem, dem Ausbau einer Strecke von Neuwied nach Bonn zuzustimmen. Und

[2] Neu, H.: a.a.O. S. 33

sie berichtete schon bald nach Berlin, dass man mit dem Grunderwerb auf der entsprechenden Strecke beschäftigt sei und der Weiterbau kräftig betrieben werde.

Für die Grundstücke an der Eisenbahnlinie bedeutete das, dass sie enteignet und die Besitzer entsprechend des immer noch geltenden französischen Code Civil aus der Zeit Napoleons von der Bahngesellschaft entschädigt wurden. Damals wie heute ging das nicht ohne große Proteste seitens der Bevölkerung

Modell des Trajekts, Oberkasseler Seite, im Heimatmuseum Beuel. Erstellt von den „Eisenbahn- und Modellbahn-Freunde Siebengebirge“, Foto: Jürgen Bergmann

vonstatten. Um die Festlegung der Trasse wurde hart gekämpft, vor allem von den Oberkasselern.[3]

Die Bahn sollte eigentlich in gerader Linie unterhalb des Siebengebirges und des Ennerts von Bad Honnef nach Beuel fahren. Ein

---

[3] Kemp, Klaus: Das Trajekt Bonn-Oberkassel, in: Bonner Geschichtsblätter, Band 35, 5. 188 ff

„Aufstand“ gegen die Obrigkeit war damals noch eine heikle Angelegenheit. Aber die Oberkasseler taten sich zusammen und protestierten gegen die Trassenführung. Sie boten der Bahngesellschaft die am Rhein gelegenen Grundstücke an, die von den ständigen Hochwassern bedroht waren. Die guten Felder sozusagen im Hinterland wollten sie für sich behalten.

Letztendlich ließ die Bahn sich darauf ein, denn es musste auch noch die Verbindung nach Bonn geschaffen werden. Ihr blieb nichts anderes übrig, als den Oberkasselern einen Bahndamm zu bauen, auf dem die Züge trocken über Hochwasser fahren konnten, der jedoch gleichzeitig ein guter Schutz für den Ort bedeutete.

Noch während des Baus wurde das Trajekt zum Transport des Baumaterials eingesetzt, und man erkannte schnell, dass die geplante Anlage nicht ausreichen würde. Vor allem auf Bonner Seite waren weitere Enteignungen erforderlich, was vor allem die Kessenicher Bürger zu Einsprüchen bewegte.

Das Trajekt in Oberkassel landete nördlich der heutigen Südbrücke an. Auf der Bonner Seite fuhren die Züge unweit des Bismarckturms vorbei. Reste der Buchenstämme, die die Schienen trugen, sind bei Niedrigwasser noch gut am Ufer zu erkennen. Die Bahnen fuhren dann zum Bahnhof Bonn Trajekt in Kessenich, der sich ungefähr an der B9 am Trajektknoten befand (daher der Name). Hier steht heute die ARC 89 Skulptur. Von dort bogen die Wagen auf die Kaiserstraße in Richtung Hauptbahnhof ab.

Im Juli 1870 war die Eisenbahnlinie Neuwied bis Oberkassel fertiggestellt sowie das Trajekt, das Oberkassel mit Bonn verband. Es gab drei Fährschiffe: Agger, Sieg und Wupper.[4] Die Einweihung dieser Strecke war natürlich ein großer Akt, obwohl eine Woche später der deutsch-französische Krieg begann. Von nun an fuhren sechsmal täglich Personenzüge von Bonn nach Neuwied und umgekehrt. Andere Trajekte, wie z.B. das zwischen Rheinhausen und Hochfeld bei Duisburg, waren eher für den Güterverkehr gedacht.

---

[4] Detlefsen, Gert Uwe: Die Schiffe der Eisenbahn, Gräfelfing vor München 1993, S. 56

Die Einrichtung der Wagen der „billigen" Klassen war spartanisch. Von der Decke baumelte an einem Draht eine Petroleumlampe. In einer Ecke stand ein Ofen mit einem riesigen Kohlenkasten davor sowie einer Schaufel. Etwa ein Drittel des Wagens war für die Fahrgäste bestimmt, der Rest fürs Gepäck.[5]

Eine Fahrt vom Rechtsrheinischen nach Bonn-Trajekt war ein Erlebnis. „Eemohl Dritte Bonn-Trajekt" war der Inbegriff der Mobilität für die Menschen der damaligen Zeit. Wer „Dritte" fuhr, sprach platt, und alle normalen Leute fuhren dritter Klasse. Zweiter fuhr nur, wer seine Nase höher trug und „was Besseres" sein wollte. Und die erste Klasse war nur für die, die wirklich ein „hohes Tier" waren.

Wenn der Zug „ins Wasser" fuhr, nämlich bei Hochwasser, schrie schon mal jemand auf, weil er Angst hatte zu ertrinken. Im Allgemeinen war die Fahrt aber recht gemütlich. Man kannte sich, der Schaffner die Reisenden und die Reisenden untereinander. Und es war nie langweilig. Denn immer fuhren auch ein billiger Jakob, ein Zauberkünstler oder ein Musikus mit, die ihr Glück bei den Passagieren versuchten.

Viele rechtsrheinische Frauen machten sich ein Nachmittagsvergnügen aus einer Fahrt „in die Stadt". Wenn der Zug an den vornehmen Villen der Kaiserstraße vorbeidampfte, überkam viele ein „Großstadt-Feeling". Da saß ein anderes Klientel im Zug als im Feurigen Elias, der die Bauersleute aus dem Vorgebirge auf den Markt nach Bonn brachte.

Zum Einkaufen ging man ins Kaufhaus Salinger in die Remigiusstraße, das dort stand, wo sich heute noch der Kaufhof befindet, oder zu Blömer, wo es für alles solide Meterware gab. Anschließend belohnte man sich mit einem Tässchen Kaffee und/oder Kuchen oder Schnittchen, je nach Geldbeutel.

Am Sonntagabend aber gehörte der Zug von Oberkassel nach Bonn den Lehrlingen und Gesellen, die zurück zu ihren Meistern fuhren. Den Sonntag hatten sie bei ihren Familien in der Umgebung

---

[5] Linderoth, Ernst: Bonn im Spiegel der Jahrhunderte, Eine Sammlung heimatkundlicher Zeitungsartikel, Bonn 1992, S. 160ff

verbracht, in der Woche aber lebten sie in der Stadt. Während der Fahrt kam es denn schon mal vor, dass zufällig das Licht ausging oder die Kohlen aus dem Kasten verschwanden. Der Schaffner kannte das schon.

Das Trajekt verkehrte von Juli 1870 bis zum August 1914, einen Tag nach Beginn des Ersten Weltkriegs. Es sollte zunächst „vorläufig" eingestellt werden. Doch inzwischen war der Betrieb des Trajekts einfach unrentabel. Im Dezember 1898 war die Brücke zwischen Bonn und Beuel eingeweiht worden, und 1902 verband die erste Straßenbahn den Bahnhof Bonn mit dem Bahnhof Beuel.

Schon 1896 hatten die Gemeinden Vilich, Oberkassel, Dollendorf, Königswinter und Bad Honnef eine Genehmigung für den Bau einer elektrischen Straßenbahn von der Beueler Brücke bis nach Bad Honnef erhalten. Doch es kam – damals wie heute – zu Verzögerungen, erheblichen Kostensteigerungen und Schwierigkeiten mit den Anrainern, die ihr Land nicht für den Bau der Bahn hergeben wollten.

Immerhin ist der Bau der Straßenbahn Ursache dafür, dass Anfang des 20. Jahrhunderts entlang der Strecke die Bürgervereine gegründet wurden: 1907 in Küdinghoven[6], 1909 in Limperich und Ramersdorf[7]. Lange können sich die Verhandlungen nicht hingezogen haben, denn im Dezember 1911 nahm die Siebengebirgsbahn vom Hansa-Eck in Bonn über die Rheinbrücke zum Beueler Bahnhof und weiter über Oberkassel bis Dollendorf ihre Fahrten auf. Eine einfache Fahrt kostete 35 Pfennig.

Königswinter hatte wegen der hohen Kosten nicht mitgemacht. Der Anschluss kam erst 1913. Da kostete die Fahrt dann 50 Pfennig plus 5 Pfennig Brückengeld. Die Straßenbahn verkehrte alle 30 Minuten, war schnell, bequem und sauber und machte das Trajekt für den Personenverkehr überflüssig. So wurde 1919 das endgültige Aus beschlossen und mit dem Abbau der Anlage begonnen. Heute erinnert so gut wie nichts mehr an das ehemalige technische Wunderwerk.

---

[6] Lange, Peter: 110 Jahre Bürgerverein Küdinghoven, in: Küdinghoven – unser Dorf – unsere Heimat, Bonn 2017, 5. 33

[7] Meidt, Georg: Die Bürgervereinigung Ramersdorf im Wandel der Zeit, in: 90 Jahre Bürgervereinigung Ramersdorf 1909-1999, 5

Die Reste des Trajekts auf der Bonner Seite nördlich der Konrad-Adenauer-Brücke, Foto: Sylva Harst, 2018

Adelheid – Vollgas rheinaufwärts nach Vilich

von Alexander Brüggemann

Heilige reisen offenbar gern, selbst nach ihrem Ableben. Der Apostel Jakobus der Ältere hat es vorgemacht. Gestorben um das Jahr 44 im Heiligen Land, setzte sein Nachen quer übers Mittelmeer und landete auf wundersame Weise genau dort an der spanischen Küste an, wo er einst auch auf seinen Missionsreisen angekommen war – immer laut der Überlieferung, natürlich. Seine Reise endete demnach in Santiago de Compostela.

Der heilige Martin, Bischof von Tours, starb am 8. November 316 im Örtchen Candes während einer Visitationsreise. Die Bürger von Tours wollten den Leichnam holen, doch auch in Candes war man an den Reliquien des heiligmäßigen Mannes interessiert. So wurde Martin bei Nacht und Nebel entführt und die Loire hinaufgetreidelt. Und überall am Ufer sprossen weiße Blüten, mitten im November – der sogenannte Martinssommer. Sein Namenstag ist nicht, wie sonst üblich, der Todestag, sondern der Tag seiner Beisetzung in Tours: der 11. November.

Die Heilige Adelheid von Vilich. Glasfenster von Wilhelm Rupprecht (1953), in der Parrkirche St. Josef, Bonn-Beuel.

Beispiel drei: die heilige Adelheid, erste Äbtissin des 978 gegründeten Stifts Vilich. Sie starb im Februar 1015 im Kölner Stift Maria im Kapitol, wo sie gleichfalls Äbtissin war. Diesmal waren es ihre Mitschwestern aus Vilich, die beim Kölner Erzbischof Heribert um die Herausgabe des Leichnams baten. Der stimmte zu – sehr zum Leidwesen der Kölner Stiftsdamen und der dortigen Bevölkerung. Doch wie sehr berechtigt offenbar das Anliegen aus Vilich war, zeigen die wundersamen Ereignisse, die nun folgten.

Kaum dass der Leichnam der Adelheid an Bord des Schiffes gebracht war, um ihn zurück an ihre alte Wirkungsstätte zu bringen, legte der Kahn auch schon ab – ohne dass die Ruderer überhaupt ihre Riemen anlegen konnten. Rheinaufwärts ging die Reise, angetrieben offenbar bloß von Gottes Willen, und sie endete am Stromkilometer 656,6 am rechten Ufer auf der Höhe von Vilich. Die Heilige war nach Hause zurückgekehrt.

Der Einsturz der ehemaligen Pfarrkirche St. Paulus

von Ursula Becker

Wer sich heute über die Nordbrücke dem Ort Vilich nähert, sieht bereits von weitem den Turm der Stiftskirche vor der Silhouette des Siebengebirges aufragen. Wallfahrer des Mittelalters, die zur Grabeskirche der heiligen Adelheid pilgerten, erblickten beim Näherkommen neben der Stiftskirche den schmalen, spitz aufragenden Turm der Pfarrkirche St. Paulus. Leider wurde diese Kirche 1765 von einem Hochwasser völlig zerstört. Heute zeugt nur noch wenig von dieser untergegangenen Pauluskirche.

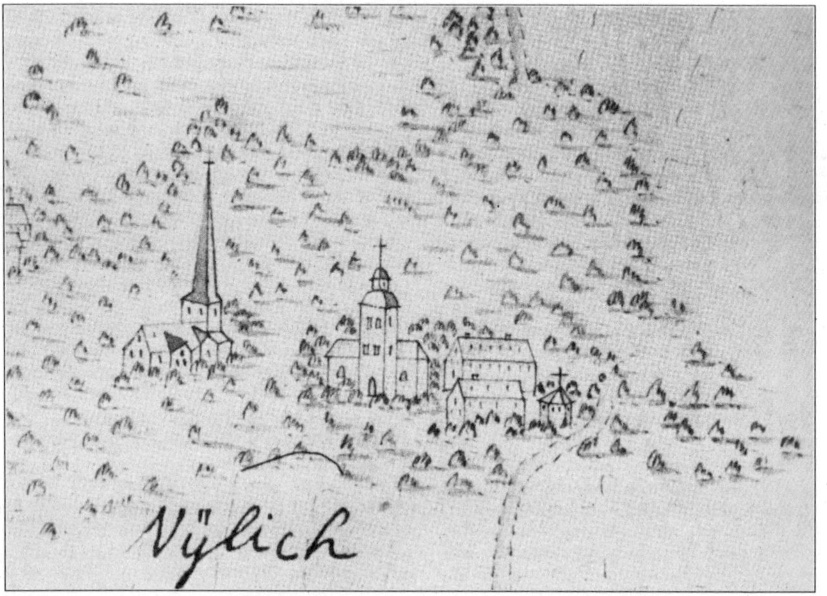

Herrlichkeit Vilich, 1749 (links St. Paulus)

Dennoch haben Kinder Anfang der 1990er Jahre Bekanntschaft mit Zeugen der Pauluskirche gemacht – und dies ist eine wahre Geschichte: „Was macht ihr denn da?“ Michael stieg über das Mäuerchen an der Adelheidis-Schule. Vor ihm saßen zwei Jungen aus der 4. Klasse. Einer hielt einen Totenschädel in den Händen. „Wir graben nach Schätzen und haben einen Totenkopf gefunden!“ „Sollen wir das nicht der Lehrerin sagen?“ Gesagt, getan. „Was sich am Rande des Schulhofs so alles finden lässt“, dachte die Lehrerin zunächst, doch sie wusste, dass die Kinder auf den Friedhof der St. Paulus-Kirche gestoßen waren.

Die Pauluskirche wurde zwischen 1050 und 1144 (1. Erwähnung in einer Urkunde Kaiser Konrads III.) im romanischen Stil als einschiffige Pfarrkirche erbaut. Charakteristisch war ihr nadelspitzer Chorturm, der sich über der Ostapsis erhob. Das romanische Portal in der Immunitätsmauer des Vilicher Stiftes, das einmal der Zugang zur Pfarrkirche war, ist noch heute erhalten. St. Paulus war Mutter- und Taufkirche für das gesamte Gebiet zwischen der Sieg und dem Rhönbach bei Königswinter. Kaiser Konrad III. schreibt in seiner Urkunde von 1144: „Wintra, Dollendorp, altera Dollendorp, Cassela, Cudenhoven …“, also Königswinter, Oberdollendorf, Niederdollendorf, Oberkassel und Küdinghoven gehörten mit ihren Kapellen zur Pfarre Vilich. Diese Kapellen sind noch im Laufe des Mittelalters zu Pfarrkirchen geworden. Auch die Menschen aus Schwarzrheindorf, Combahn, Beuel, Pützchen, Holtorf und Hangelar kamen noch jahrhundertelang weiterhin zu Gottesdiensten, Taufen, Hochzeiten und Beerdigungen zur Pauluskirche nach Vilich. Davon zeugen auch die 241 Grabkreuze des 16. bis 18. Jhs., die in die jüngere Friedhofsmauer eingelassen sind, zum größten Teil aber in den 1980er Jahren vor die Mauer gesetzt und so gerettet werden konnten.

Die Tradition des Kirchgangs zur Pauluskirche nach Vilich brach jäh ab, als im März 1765 ein schlimmes Hochwasser den Rhein und seine Nebenflüsse anschwellen ließ. So führte auch die Sieg enorm viel Wasser, welches die Niederung zwischen Vilich, Geislar und Schwarzrheindorf überschwemmte. Dieses Sieghochwasser unterspülte den Hügel, auf dem sich die Pfarrkirche St. Paulus mit ihrem Friedhof befand. Die romanische Kirche fand auf dem durchweichten Grund keinen Halt mehr, stürzte ein und wurde bis auf den Turm komplett zerstört.

Einzelne Stücke der Ausstattung wurden in die Stiftskirche St. Peter überführt, wie z.B. der spätromanische Taufstein. Auch zwei Basen der kleinen Säulen, die dem 1988 neu benedizierten Adelheidis-Altar als Stützen der Altarplatte dienen, stammen aus der alten Paulus-

Taufbecken (Foto: Axel Gläser)

kirche. Ihr Turm soll noch lange gestanden haben, berichtet Pfarrer Maaßen in seiner „Geschichte des Dekanates Königswinter", sodass man die Glocken unbeschädigt daraus entfernen konnte. Die Ruine der Kirche wurde von der Bevölkerung als Steinbruch benutzt. Einige Steine und Säulenfragmente wurden zu Baumaterial für Häuser in Vilich und Umgebung. Schließlich ordnete Bürgermeister Stroof an, den „Trümmerhaufen endlich abzuräumen, da er für darauf herum turnende Kinder zu gefährlich" werde.

Blick von Schwarzrheindorf auf Vilich. Ausschnitt aus einer Federzeichnung von Renier Roidkin um 1729.
Links das älteste Beueler Steinkreuz Ecke Stiftsstraße / Am Ledenhof, errichtet 1638. Daneben der spitze Turm der Pfarrkirche St. Paulus, rechts die Stiftskirche St. Peter mit den Stiftsgebäuden.

Ab 1765 stellten die Stiftsdamen ein Seitenschiff ihrer Kirche für Gottesdienste der Pfarrgemeinde St. Paulus zur Verfügung. Nach der Säkularisation 1804 konnte die ehemalige Stiftskirche komplett als Pfarrkirche genutzt werden. Das Patronat, der Name „St. Paulus", ging an die 1958 gegründete Pfarre an der Siegburger Straße mit der von Dominikus Böhm erbauten Kirche über.

Heute steht an der Stelle der Pauluskirche ein moderner Erweiterungsbau zum Schulkomplex, dessen Bauten aus dem 19. Jahrhundert stammen. Das neue Gebäude aus Glas und Backstein wurde 1998 erbaut. Bei den Ausschachtungsarbeiten hierfür wurden zwei Grabplatten des Brückenmeisters Mehlem und seiner Ehefrau Elisabeth Stammel gefunden, die der Denkmal- und Geschichtsverein retten konnte und an deren Wohnhaus, dem Mehlem'schen Haus in Beuel, anbringen ließ. Notwendige archäologische Untersuchungen wurden leider nicht gemacht. Gut, dass die Schüler der 4. Klasse bereits 1991 ihren Schatz gefunden hatten!

Quellen:

- *Achter, Irmingard:* ***Die Baugeschichte der Vilicher Kirchen*** *in:* ***1000 Jahre Stift Vilich 978 – 1978****, Beiträge zu Geschichte und Gegenwart von Stift und Ort Vilich, Bonn, Röhrscheidt Verlag, 1978*
- *Neu, Heinrich:* ***Die Geschichte der Gemeinde Beuel, 1952****, Neudruck 2000 (Hrsg. Denkmal- und Geschichtsverein Bonn Rechtsrheinisch e.V.)*
- *Schloßmacher, Norbert:* ***Pfarrgemeinde St. Peter*** *in: Bonner Kirchen und Kapellen, Bonn, Dümmler Verlag, 1989*

Das Rheinhochwasser 1784 und der Kurfürst Maximilian Friedrich

von Manfred Spata

Maximilian Friedrich, der Kurfürst und Erzbischof von Köln, nahm regen Anteil am seltenen Naturschauspiel des fest zugefrorenen Rheins im Winter 1783/84. Dort, wo sonst die „fliegende Brücke" zwischen dem Beueler und Bonner Ufer Menschen und Vieh mit Wagen und Karren über den Rhein trug, da wechselten sie nun zu Fuß über die Eisfläche des Rheins. Dazu setzten die Bonner Bürger Ende Januar ein „*Gedenkzeichen*" und brachten „*Wein und Brandwein mitten auf den Rhein* (und es wurde) *Weck verkauft gegen der Kellergasse über*". Sogar Kurfürst Maximilian Friedrich und sein Hofstaat ließen es sich nicht nehmen, dem Spektakel beizuwohnen, und er „*hat sich zu Bonn auf dem Rhein ein Paar Schuhe machen lassen*".

Ausgelöst wurde der strenge Eiswinter 1783/84, die größte Naturkatastrophe der letzten drei Jahrhunderte, durch den Ausbruch der isländischen Vulkankette Laki am 8. Juni 1783. Der monatelange Ausstoß von Aschewolken und Schwefelsäure verursachte europaweit über mehrere Jahre Wetterkapriolen, Überschwemmungen, Ernteausfälle, Hungersnöte und Todesfälle. Über diesen eiskalten Winter im Rheinland gibt es mehrere Zeitzeugenberichte. So schildert der Bonner Beigeordnete Johann Jakob Müller das Eisspektakel: „*Am 25. Jänner blieb der Rhein vor hiesiger Stadt zum erstenmal stehen, und am 27. fing man schon an darüber hin und her zu gehen, endlich mit Schlitten, Karren und Wagen zu fahren, welches dann fortdauerte bis auf Aschermittwoch, so dieses Jahr auf den 25. Hornung* (Februar) *einfiel.*"

Die Eisflut und den Eisbruch schildert eindrucksvoll Wilhelm Müller aus Lengsdorf: „*Und den 25ten Februarii seint sie zum Letzten über den Rhein gegangen bis des Nachmittags 5 Uhren, da es durch Befehl verboten worden, und von einer Schildwache die Leute zurückgehalten, denn das Wasser stieg mehr und mehr unter dem Eise auf, bis zum 5 Uhr ist das Eis gebrochen und das Wasser ist so hoch gestiegen, daß das Eis in Bonn die Stadt Mauer am Rhein von der Judengaß bis an die Josephporte (...) mit all den daran gebaueten Häusern umgeworfen und durch Eisschulpen eingefallen (...). So geschwind das Wasser angewachsen war, so schnell fiel es wiederum hinweg.*" Über die Zerstörung der Häuser in Beuel hören wir: „ ... *in den Dörfern Beuel und Schwarzrheindorf sehr viel Häuser, deren Anzahl auf 109 bis 112 angegeben werden, vom Eiß und Wasser theils ganz zerstört, theils aber völlig hinweggetrieben. Dieser Anblick war fürchterlich, und das Eis war von dem stumpfen Turm* (Limpericher „Möllestomp") *bis in Beuel berghoch aufeinander gethürmt.*" Kurfürst Maximilian Friedrich veranlasste sofort durch ein Edikt eine Schadensregelung für die betroffenen Landsleute und rief zu solidarischen Spenden in den Kirchengemeinden seiner Diözese auf.

Dieses seltene Naturereignis eines Eishochwassers mit einem maximalen Wasserstand von 14,23 Meter am Bonner Pegel (= 56,89 Meter NN) ist bis heute fest im kollektiven Gedächtnis der Bonner Bevölkerung verankert. Noch heute zeugen zwei Hochwassermarken in Bonn von diesem Ereignis, in der Treppenstufe des Münsters zum Kreuzgang und in der nördlichen Mauerwand der Ersten Fährgasse. Den Wiederaufbau der zerstörten Stadtmauer und der daran angrenzenden Häuser erlebte der Kurfürst nicht mehr; er starb am 15. April 1784 im Alter von 76 Jahren in Bonn. Unklar blieb bis heute, was aus seinen neu gefertigten Schuhen geworden ist, die er sich auf dem Eis des Rheins fertigen ließ.

Familie Beethoven und der Rhein

von Manfred Spata

Da staunten der vierzehnjährige Ludwig van Beethoven und seine beiden jüngeren Brüder, als sie am frühen Nachmittag des Aschermittwochs, am 25. Februar des Jahres 1784, aus dem kleinen Giebelfenster ihrer Wohnung im zweiten Stock des Fischer-Hauses in der Rheingasse 7 (früher: 669) auf die steigende Eisflut des Rheins schauten. Etliche Wochen vorher war der Rhein fest zugefroren und alles Volk lief auf den Rhein; auch Markt und Fest wurden dort abgehalten. Nach heftigen Regenschauern und Tauwetter ab dem 22. Februar floss plötzlich so viel Rheinwasser stromab, dass es sich über die Eisdecke in die Stadt ergoss und die Giergasse, Rheingasse und Josephstraße überflutete. Die Stadtmauer war durch die Rheinmühle teilweise eingestürzt worden, und die Eisschollen trieben bis an die Häuser heran. Durch die Gumme, einen alten sumpfigen Rheinarm, gelangte das Eiswasser bis zum Kreuzgang der Münsterkirche.

Ludwig und sein Bruder Kaspar halfen mit, die teuren Gegenstände des Hauseigentümers, Bäckermeister Fischer, der unter der Beethovenfamilie im ersten Stock wohnte, vorsorglich auf den Speicher zu schleppen. Als die Flut im Unterhaus eine Höhe von 4 Fuß (= 1,2 Meter) erreichte, ergriff alle Hausbewohner Angst und Schrecken. Mutter Beethoven versuchte, alle zu beruhigen, und sagte, „*was seid ihr hier so bang, was ist denn diese Wasserhöhe, ihr Leütger, ihr seid das hier nicht so gewöhnt, bey uns im Thaal Ehrenbreitstein* (ihr Heimatort bei Koblenz) *haben wir oft Wasserhöhe, da machen mir nichts daraus.*“

Als aber die Eisflut im ersten Stock bis zur Höhe von 5 Fuß (= 1,5 Meter) und von da aus bis zur Treppenstiege zum Beethoven-Quartier im zweiten Stock angestiegen war, wurde es Mutter Beethoven doch Angst und Bange, und sie meinte, das hätte sie nicht so gemeint, und die Familie Beethoven schleppte ihre guten Sachen Hals über Kopf auf den Speicher. Nun meinte Mutter Beethoven: „*Wir lassen unsere Habschaft hier, bis der Rhein Durchbruch* (durch die Eisdecke) *hat. Nein, mir mögen alle unser Leben nicht hier im Was-*

ser verlieren, wir wollen es weiter nicht mehr abwarten und suchen in der Stadt unterzukommen.“ Es blieb den Familien Fischer und Beethoven nichts anderes übrig, als aus der Beethoven-Wohnung über hohe Stiegenleitern, Bretter und Bohlen durch das Fischer-Hinterhaus in der Giergasse trockenen Fußes in die Stockstraße zu gelangen. Die Beethovenfamilie fand bei dem Geiger Joseph Philipart, einem Mitglied der Bonner Hofkapelle, in einem Zimmer eine notdürftige Bleibe, bis die Rheinflut vorüber war und sie wieder in ihre Wohnung zurückkehren konnte.

Betrachtet man heute den Standort des ehemaligen Fischer-Hauses in der Rheingasse gegenüber der Oper, so fällt das eigenwillige Kunstwerk der japanischen Bildhauerin Yukako Ando „Ein Pulttisch für Ludwig“ von 2012 auf. Ludwigs „Pulttisch“ könnte in der leporelloartigen Ausfaltung ziemlich exakt die damalige Höhe der Eisflut anzeigen. Die letzte Faltung schließt mit einem geöffneten Fenster ab. Von der Künstlerin bewusst oder unbewusst entworfen, könnte das Fenster den Blick Ludwigs auf das Eiswasser markieren. Die Familie Beethoven lebte von 1776 bis 1785 im Fischer-Haus in der Rheingasse.

Die wundersame Bestattung der Fradelche Kassel

von Gabriele Wasser

Der Rhein bestimmte oft den Tagesablauf der Bewohner der Bonner Judengasse. Seit 1715 existierte in Bonn – auf Betreiben des Kurfürsten Josef Clemens – ein direkt am Rhein gelegenes Ghetto. Waren es im Sommer herrliche Spaziergänge an den Ufern des Flusses, so beherrschten in den kälteren Jahreszeiten Eisgang und Hochwasser den Ablauf des Alltags.

Im Februar des Jahres 1784 friert der Rhein bei hohem Wasserstand zu. Die Eisdecke ist 15 Fuß dick. Sechs Wochen lang laufen die Ghettobewohner mit Wagen, Schlitten und Karren über das Eis. Plötzlich kommt es zu einem Wärmeeinbruch und der Fluss ergießt sich in die Judengasse. Die Bewohner fliehen in die oberen Stockwerke der Häuser und versuchen Hab und Gut zu retten. Die Eisschollen drohen die Fundamente der Häuser zu zerstören. Mit Hilfe von Zuchthäuslern werden die Eismassen in der Josefstraße zerhackt und das Schlimmste verhindert.

Bis zum Jahre 1873 müssen die Bonner Juden ihre Toten auf dem Friedhof bei Schwarzrheindorf bestatten, bei schlechter Witterung wie Nebel, Hochwasser oder gar Eis war das ein gefährliches Unterfangen. Zur Bestattung muss die Gemeinde mit Nachen von der Judengasse nach Schwarzrheindorf übersetzen oder zu Fuß über flache Stellen waten. Das Memorbuch der jüdischen Gemeinde Bonn gibt ein bewegendes Zeugnis von der Bestattung der Fradelche Kassel im Jahre 1789:

„Ihre Bestattung geschah auf besondere Weise und kam einem Wunder nahe. Der Rhein war nach starkem Frost vereist, aber am Tage ihres Todes – es war Dienstag, 15 Tewet 549 (13. Januar 1789) – kam ein Sturmwind auf, Berge und Felsen brechend, wurde noch mächtiger und tobte die ganz Nacht. Und als sich am Morgen des Mittwoch das ganz Volk versammelte, um sie zu ihrer Bestattung zu

begleiten, sagten viele, es sei unmöglich, sie zur Ruhe zu betten jenseits des Rheinstroms, denn schon begann das Eis auf dem Rhein an vielen Stellen zu schmelzen. Das Wasser stieg aus der Tiefe hinauf zwischen den Rissen, die der Sturm aufgerissen hatte. Dennoch überquerten einige Wenige, die Besten ihrer Zeit, den Fluss. Mit aller Kraft machten sie sich auf, den Willen ihres Schöpfers zu tun, Liebe und Treue war ihr Tun für die Tote, so überquerten sie den Strom zu Fuß, und da sie nun hinüberzogen, stand alles Volk am Ufer des Rheins. Und sie bezeugen, dass ihr Gang über das Eis wahrhaft wunderbar war, wie (es) das Schiff im Herzen des Meeres (ist). Sie gingen hinüber und kamen zurück, ja die, die die Tote getragen hatten und die Trauernden, kehrten heil und geschwind zurück. Und von eben der Stunde an schwollen die Wasser mächtig an, das Verschlossene tat sich auf. Unmöglich war es von nun an zu Fuß hinüber zu gelangen.“

Auf die Schrecken, die der Rhein hervorbrachte, folgen für die Menschen idyllische Tage an seinen Ufern. „Nichts war schöner als das Spiel der Sonnenstrahlen auf den Wellen des Rheins zu beobachten, den Duft der jungen Gräser zwischen den Kieseln aufzusaugen und dem Treiben der unzähligen Insekten in den Altwassern zuzusehen.“ (Prof. Dr. Nathan Zuntz, 1881)

Von Wäschern, Fischern, Schiffersleuten

von Sylva Harst

Jahrhundertelang lebten die Menschen an den Ufern des Rheins vom Fischfang oder der Schifffahrt. Reich wurden sie damit nicht, aber sie hatten ihr Auskommen. Das änderte sich, als 1816 zum ersten Mal ein Dampfschiff auf dem Rhein fuhr. Ein neues Zeitalter war eingeläutet, und nichts war mehr so, wie die Menschen es gekannt hatten. Das „Wissen" von „früher" galt nichts mehr.

Durch die Lage am Rhein entstanden in Beuel schon früh Wäschereien. Die Rheinwiesen neigten sich sanft zum flachen Flussufer hin. So konnte die Wäsche hier gewaschen und dann zum Bleichen ausgelegt werden. Diese Lohnbleiche war eine Erfindung der Beueler. Die Wiesen, die Sonne der rechten Rheinseite und die Brisen vom Wasser führten schnell zum Qualitätssiegel „Beueler Duft". Der war landauf, landab bekannt und geschätzt.

Die Lohnbleiche war das Arbeitsfeld der Frauen. Sie war harte Arbeit, aber die Frauen waren froh, zum Lebensunterhalt der Familie beitragen zu können. Ein langes Leben war der Lohnbleiche jedoch nicht beschieden. Luftverschmutzung war damals ein Fremdwort. Und doch nahm sie hier ihren Anfang. Je mehr Dampfschiffe fuhren, desto mehr Ruß flog durch die Luft und machte die Lohnbleiche unmöglich. Und die Menschen mussten sich wieder Neues einfallen lassen.

So kam es um 1840 zur Entstehung der Lohnwäscherei. Auch hier waren es vorwiegend die Frauen der Fischer und Schiffer, die in diesem neuen Erwerbszweig Arbeit fanden. Alternativ gab es das „in die Fabrik" gehen. Das war auch kein Zuckerschlecken. Beim Waschen dagegen kannten sich die Frauen aus. Und vom alleinigen Verdienst der Männer konnte eine Familie kaum leben. Die Entwicklung von chemischen Bleichmitteln und die zunehmende Mechanisierung erleichterten jedoch nach und nach die Arbeiten.

Opfer der zunehmenden Industrialisierung waren die Fischer und Schiffer. Die sog. Fährbeerbten waren Schiffer, die seit Jahrhunderten das alleinige Recht zur Überfahrt des Rheins von der Siegmündung bis Oberkassel inne hatten. Dieses Recht ist erstmals in einer Urkunde aus dem Jahr 1314 erwähnt.

Alles, was möglich war, wurde von den Schiffern von einem Ufer ans andere befördert. Das waren Privatpersonen und Kaufleute, Reisende und Pilger. Diese Pilgerströme können wir uns heute kaum noch vorstellen. Alle sieben Jahre machten sich Tausende auf zur Heiligtumsfahrt nach Aachen. Solche Zeiten waren für die Schiffer ein gutes Geschäft. Und auch eine Route des Jakobswegs führte durch Bonn nach Santiago de Compostela.

Natürlich transportierten die Schiffer auch Waren, wie z. B. die Pflaumen des Herrn Gilles. Das war eine besondere Geschichte. Jacob Gilles, 1812 geboren, war eigentlich „Ackerer“, also Landwirt. Aber er war ein kluger Kopf und sah über den Tellerrand hinaus. Er fand heraus, dass Pflaumen damals in England als Delikatesse gehandelt wurden. Und in unseren Breiten waren die Chausseen oft mit Pflaumenbäumen bepflanzt.

Mit Unternehmergeist ging er ans Werk. Jacob Gilles wandte sich an die Stadtväter und Gemeindevorsteher. Er sicherte ihnen Jahr für Jahr einen Festbetrag zu, wenn er dafür die Pflückrechte an den Chaussee-Pflaumenbäumen bekommen würde. Der Erfolg war enorm: Bis ins Ahrtal soll er die Pflückrechte erhalten haben.

Gilles war klug und vorausschauend und wurde ein guter Arbeitgeber. Im Frühherbst organisierte er Erntehelfer fürs Pflaumenpflücken. Wohlgemerkt – als die Pflaumen noch grün waren! Denn Reifen durften die Früchte erst während des Transports. Die Beueler Schiffer brachten nun Tausende von Körben mit Pflaumen von Beuel nach Bonn, wo sie auf Schiffe verladen und nach England gebracht wurden. Im Laufe der Fahrt wurden die Pflaumen reif und konnten zu relativ hohen Preisen verkauft werden.

Die wirtschaftlichen Aktivitäten von Jacob Gilles hatten weitere Auswirkungen für die Bewohner der „Schäl Sick“. Die Körbe waren damals aus Weiden geflochten und verblieben nach dem Transport in England. Also bestand ein regelmäßiger Bedarf an Weidenkörben. Und da ging es nicht um ein paar, sondern um Tausende Körbe. Das war dann sozusagen die Winterbeschäftigung für die Fischer und Schiffer, die in dieser Zeit oft zum Nichtstun verurteilt waren. So konnten sie ihre Familien über den Winter bringen.

Die Familie Gilles wurde wohlhabend. Als Jacob 1868 starb, war er kein „Ackerer" mehr, sondern „Handelsmann". Das Beispiel Jacob Gilles zeigt, dass ein kluger Kopf letztlich die wirtschaftliche Situation vieler Menschen in der Region verbessern konnte.

1825 sind in Beuel nur noch 18 „Schifffuhrleute" registriert, die auf der Gierponte, auf Rangschiffen oder auf Nachen arbeiteten. Die Gierponte, eine „fliegende Brücke", verband das Bonner Ufer in Höhe der Ersten Fährgasse mit dem Beueler Ufer in der Höhe des Kriegerdenkmals. Sie beförderte auch viele Waren. Bei günstigen Wasserverhältnissen dauerte eine Überfahrt 10 Minuten.

Doch auch hier war die industrielle Entwicklung nicht aufzuhalten. Schon 1843 hatte der preußische Staat mit den Fährbeerbten eine Abfindung ausgehandelt. Fortan regelten Stadt oder Staat die Rechte zum Überqueren des Rheins. 1863 übernahm das erste dampfbetriebene Schiff „Bonn" den Fährdienst über den Rhein. Im Volksmund wurde ihr der Beiname „de Noßschaal" gegeben. Damit eröffnete sich zumindest für einige Beueler Schiffer eine Zukunftsperspektive. Denn sie saßen nun als Kapitäne am Steuer dieser Schiffe.

Die Leidtragenden der Industrialisierung waren die Fischer. Wir können uns heute nicht mehr vorstellen, dass der Rhein zwischen Bad Honnef und Emmerich zu den interessantesten Gewässern der Binnenfischerei gehörten. Die überaus große Vielfalt an Fischarten und die reichen Bestände gaben vielen Fischern ein Auskommen.

Die Kähne und Schuten lagen in langer Reihe dicht am Ufer des Rheins (siehe die Lithographie „Bonn im Jahre 1888 aus der Vogelschau", s. S. 112). Bedingung für diese Boote war ein flacher Boden, damit beim Überfahren Reusen und Netze nicht beschädigt wurden. Hauptsaison für den Fischfang war die Wanderzeit der Lachse. Dieser Wanderfisch zog in unterschiedlichen Schwarmperioden rheinaufwärts zum Laichen. So konnte er über eine längere Zeit gefischt werden.

Am Rhein wurden die Bezeichnungen Salm und Lachs nebeneinander gebraucht. Im Sommer sprach man von „frischen Salmen“. Fische, die im Herbst und Winter gefangen wurden, hatten ein blasseres Fleisch und wurden „Lachse“ genannt. Ein Sprichwort erklärte: „Der Salm ist im April und Mai am besten und bleibt ein Salm bis zum Sankt Jakobstag (25. Juli), alsdann wird er ein Lachs.“ [8] Der letzte große Rheinsalm hatte das stattliche Gewicht von 30 Pfund und wurde 1919 gefangen. Was für ein Ereignis in dieser Zeit großer Hungersnot!

Daneben gab es vor allem den Maifisch, der, wie sein Name sagt, stets zur gleichen Zeit den Rhein aufwärts wanderte. Er wurde auch als Süßwasserhering bezeichnet. Er war der einzige Hering, der in Binnengewässern vorkam. Die Fischer mussten mit den wandernden Fischen vertraut sein. Denn das Fangergebnis bestimmte ihr Leben. So wurden diese Fische auch „Brotfische“ genannt. Lachse, Maifische und Aale sicherten die Existenz, denn sie konnten auf dem Markt zu guten Preisen verkauft werden.

Minderwertige Fischsorten wurden Bratfisch oder Backfisch genannt. Da sie viele Gräten enthielten, waren sie als Kochfisch kaum genießbar. Wurden sie jedoch scharf gebraten, konnten die Gräten mitgegessen werden. Es blieb nicht aus, dass sich Fischgaststätten etablierten wie das Gasthaus „Zur Erholung“ in der heutigen Rheinaustraße. Um 1855 ist es von Hermann Thiebes gegründet worden. Auch die Bonner ließen sich hier die Rheinfische schmecken.

---

[8] General-Anzeiger, Siebengebirge Spezial, 20.04.2019, S. 26

Die Schifferbrüder Jakob Burgunder („Köpp") und Clemens Thiebes („et Ühmche") mit einem der letzten Rheinsalme, 30 Pfund, gefangen 1919. Foto: Hermann Kadow, Beuel

Das Ansehen der Fischer scheint jedoch nicht allzu groß gewesen zu sein. Das zeigt ein Eintrag im Protokoll-Buch des Bürgermeisters Stroof aus dem Jahre 1822. Da heißt es: *„Am gestrigen Tage ist ein Beueler Fischer bei dem Rhein Kopf zu Bonn ertrunken, wahrscheinlich ist dieser nach Gewohnheit besoffen gewesen ...“*

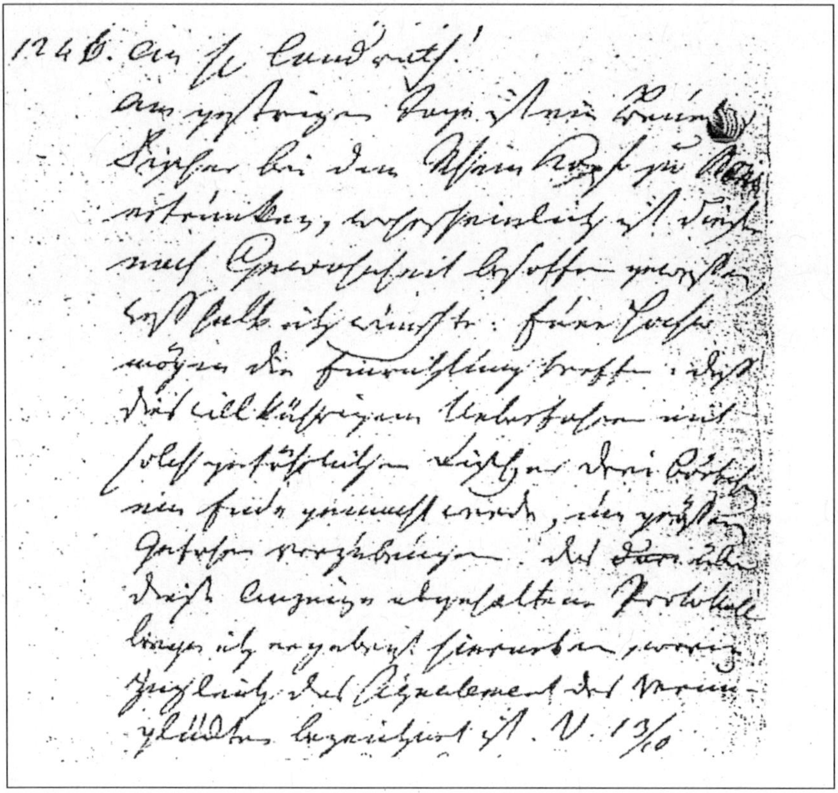
1246. An H. Landrath.
Am gestrigen Tage ist ein Beueler Fischer bei dem Rhein Kopf zu Bonn ertrunken, wahrscheinlich ist dieser nach Gewohnheit besoffen gewesen

Die Anzahl der Fischer nahm jedoch bis zum Ende des 19. Jahrhunderts ständig ab. Die Fische blieben aus. Die Motorfracht- und Personenschiffe, die Abwasser der Industrie und die Kiesgewinnung vom Grund des Rheins vertrieben die Wanderfische. Ein ganzer Erwerbszweig starb aus. Heute wird „nur“ noch geangelt.[9]

[9] Festschrift: 125 Jahre Schiffer-Verein Beuel 1862; 150 Jahre mit Gott voraus! Der Traditionsverein feiert Geburtstag, Schiffer-Verein Beuel 1862, Juni 2012

Ausschnitt aus einer Lithographie von L. Wagner:
„Bonn im Jahre 1888 aus der Vogelschau“

Auf dem Rhein unten zu sehen die 1863 in Dienst gestellte, erste mit Dampf betriebene Fähre „Bonn“ zwischen Beuel und Bonn. Im Volksmund wurde das 20 Meter lange und nahe drei Meter breite Schiffchen „de Noßschaal“ genannt. Darüber die Gierponte, die ihren Dienst bis zur Einweihung der Bonn-Beueler Brücke 1898 versah. Am Ufer vertäut, die Kähne der Beueler Schifferbrüder. Links vorne das Mehlem'sche Haus, heute Musikschule der Stadt Bonn. Darüber die St. Josefs-Kirche, erster Bauabschnitt (1882).

Der Schiffer-Verein Beuel 1862 – einst und jetzt

von Sylva Harst

Der Schiffer-Verein Beuel 1862 e.V. ist der älteste und mitgliederstärkste Traditionsverein von Beuel mit heute über 600 Mitgliedern. Er wurde am 6. April 1862 von einigen Altbewohnern, den „Ahl Rhingschen", als christliche Solidar- und Notgemeinschaft in Form einer rheinischen Bruderschaft der Schiffer und Fischer gegründet. Hauptziel war es, den unverschuldet in Not Geratenen zu helfen und kranke Mitglieder zu unterstützen. Denn es gab damals keine Unfall-, keine Kranken- und auch keine Rentenversicherung.

Als der Verein 1862 gegründet wurde, hatten die riesigen gesellschaftlichen Umbrüche, die die Industrialisierung mit sich brachte, auch Beuel erreicht. Die meisten Einwohner, die bis dahin ihren Lebensunterhalt als Schiffer und Fischer verdient hatten, konnten von diesen Arbeiten nicht mehr leben. Ihre Nachen und Schuten mussten Dampfschiffen weichen, und den Fischern blieben durch die Wasserverschmutzung nach und nach die Fische aus. 80% der Beueler arbeiteten bereits in Industrie, Handwerk oder Handel.

Schutzpatron des Vereins war zunächst nur der Hl. Nikolaus von Myra. Aber schon im September des Gründungsjahres bekam er Gesellschaft. Das war der Hl. Johannes von Nepomuk. Dieser böhmische Heilige war Generalvikar des Erzbischofs von Prag. Als es zu Auseinandersetzungen zwischen Kirche und Thron kam, ließ König Wenzel IV. 1393 Johannes gefangen nehmen, foltern und in der Moldau ertränken. Eine spätere Legende machte ihn zum Märtyrer des Beichtgeheimnisses, Patron in Wassernot und bei schuldlosen Verdächtigungen.

1693 wurde sein Standbild auf der Prager Karlsbrücke errichtet. Schnell wurde er zum bekanntesten Brückenheiligen Mitteleuropas. Fünf Sterne umgeben auf allen Abbildungen sein Haupt. Auf diesen stehen die Buchstaben t a c u i – lateinisch: „Ich habe geschwiegen."

Der Legende nach leuchteten fünf Sterne über der Moldau, damit sein Leichnam gefunden werden konnte.

Wie der Johannes nach Beuel kam – darüber gibt es zwei Versionen. Die nüchterne zitiert die Bonner Zeitung (der Vorläufer des General-Anzeigers) vom 19. August 1862. Da heißt es: „Vor zwei Monaten wurde ein altes, steinernes Bild des Hl. Johannes von Nepomuk in der Mauer des Eckhauses an der Ersten Fährgasse und dem Rheinwerfte bei der Reparatur derselben aufgefunden, dem freilich einige Teile fehlen. Die hiesige (Beueler) Schiffergilde kam bei dem Besitzer desselben, Herrn Oberberghauptmann von Dechen, um Überlassung der Statue behufs Aufstellung derselben auf dem hiesigen Ufer ein, was auf die freundlichste Weise bewilligt wurde. Ein tüchtiger Künstler hat die Reparatur vorgenommen, die fehlenden Teile ersetzt und nunmehr steht dieselbe an unserer Südseite am Ufer des Stromes.“

Die zweite Version berichtet davon, dass Beueler Schiffer in Bonn in Höhe der Ersten Fährgasse die Statue des Hl. Nepomuk im Rhein entdeckten. Übermütige Jugendliche – wahrscheinlich Studenten – hatten sie aus der Grundstücksbegrenzungsmauer des ehemaligen Eigentümers, des Leiters des Bergamtes und späteren Professors Heinrich von Dechen, herausgebrochen und im Rhein versenkt. Die Beueler Schiffer fragten den Eigentümer, ob sie die Statue bergen und mit nach Beuel nehmen dürften. Dieser gestattete die „Überführung“. Der Schiffer-Verein sanierte die Statue, und so ziert sie noch heute, seit 2009 in neuem Glanz, das Beueler Rheinufer.

Im Mittelpunkt des Vereins steht nicht nur geselliges Beisammensein, sondern vor allem das Einstehen für einander in Notzeiten. Der Rhein hatte den Menschen nicht nur Arbeit und Brot gegeben, er konnte auch Katastrophen bescheren. Als der Verein gegründet wurde, wird das „Jahrtausendhochwasser“ von 1784 noch recht lebendig in der Erinnerung der Menschen gewesen sein. In Beuel waren damals 112 Häuser zerstört worden. Viele waren einfach weggetrieben. Menschen und Tiere waren zu Tode gekommen, Inventar, Kleidung, Nahrungsmittel, Vorräte und Futter waren zerstört worden. Die Armut griff um sich.

Wiederaufstellung der renovierten Statue des Heiligen Johannes von Nepomuk am 28.3.2009. Das Foto zeigt die „Beueler Seele“ in ihrer ganzen Schönheit. Eingefangen von Max Malsch.

Kein Hochwasser hat die Beueler jedoch davon abgehalten, wieder von vorne anzufangen und dem Ort treu zu bleiben. Und Hochwasser gab es zur Genüge. „Große“ Hochwasser wie die von 1920 oder 1925/26 mit einem Wasserstand von 9,98 m bzw. 10,10 m waren nicht mit den 13,60 m von 1784 zu vergleichen. Aber auch sie haben große Not hervorgerufen. Da waren die Schiffer wieder gefragt. Jeder, der ein Boot hatte, half. Und es wurden nicht nur die Menschen befördert. Es gab so etwas wie einen Fahrplan, nach dem Milch, Post und Brötchen ausgefahren wurden.

Die Dampfschifffahrt bot den Schiffern neue Arbeitsmöglichkeiten. 1863 nahm der erste Fährdampfer den Betrieb zwischen Beuel und Bonn auf. Die „Bonn“ war verhältnismäßig klein. Deshalb wurde sie „Schiffchen“ oder auch „de Noßschaal“ genannt. Kapitän Peter Haas saß stolz auf dem Ruderstuhl. Vom Morgengrauen bis zum letzten Sonnenstrahl versah er seinen Dienst. Daneben gab es von 1875 bis 1896 noch eine Nachenfähre, die mit Rudern oder Segeln bewegt wurde. Der Fährbetrieb brachte schon Geld ein, ging es doch im Besonderen um den Transport der Wäsche.

Der Dampfer „Rheinland“, der zum Ende des Jahrhunderts die „Verona“, das Nachfolgeschiff der „Bonn“, ablöste, war gefühlt ein Luxusschiff. Doch schon mit der Eröffnung der Rheinbrücke 1898 endete ihre große Zeit. Allerdings erhielt sie eine neue Aufgabe als Wäschetransporter nach Köln. 150 Jahre verkehrten Dampfschiffe auf dem Rhein. Dann waren auch sie nur noch Museumsstücke. Motorschiffe hatten auch das letzte verdrängt.

Die Mitglieder des Schiffer-Vereins waren von Anfang an eine festgefügte Gemeinschaft. Es war selbstverständlich, dass man sonn- und feiertags fast geschlossen zur Messe nach Vilich pilgerte, denn Beuel hatte noch kein eigenes Gotteshaus. Ebenso selbstverständlich war es, dass die verstorbenen Mitglieder ein würdiges Begräbnis erhielten. Die ersten Anschaffungen des Vereins waren denn auch eine Bahre und ein Leichentuch, um die Toten damit auf dem Vilicher Friedhof beizusetzen.

Der Plan für die Errichtung eines Gotteshauses in Beuel ist im Schiffer-Verein geboren worden. Der dazu gegründete St. Josefs-Bauverein sollte den Plan in die Tat umsetzen, was gar nicht so einfach war. Der Kulturkampf zwischen dem protestantischen Preußen-Staat und dem katholischen Rheinland erreichte gerade seinen Höhepunkt. 1882 konnte der erste Gottesdienst gehalten werden. Aber erst 1884 erhielt die Kirche einen ersten „Hilfsgeistlichen". 1894 konnte sie endlich dem Hl. Josef geweiht werden. Im Laufe der Jahre stiftete der Schiffer-Verein eine Kirchenbank, eine Statue des Hl. Nikolaus sowie 1903 die Nikolaus-Glocke.

1962 erhielt die St. Josefs-Kirche ein Carillon, ein Glockenspiel, mit 55 Spielglocken. Damit hatte sich ein Traum von Nachkriegspfarrer Adam Bodewig erfüllt. Nach seinem Tod wurde es allerdings vernachlässigt, 1989 erklang es noch ein letztes Mal, dann schwieg es über viele Jahre. Es war der Schiffer-Verein, der das Glockenspiel aus seinem Dornröschen-Schlaf erweckte. Er sammelte Spendengelder, und zwei Jahre früher als geplant konnte es 2010 wieder erklingen.

Seit 2017 hat der Schiffer-Verein es sich zur Aufgabe gemacht, die Tradition des Beierns, einer rheinischen Art des Glockenschlagens an besonderen Festtagen, wieder aufleben zu lassen. Dafür hat er eigens ein fahrbares Gestell mit fünf Bronzeglocken bauen lassen – der mobile Beueler Glockenstuhl – an dem die Art des Glockenschlagens demonstriert werden kann.

Eine Chronik des Schiffer-Vereins lässt sich kaum schreiben. Bis auf ein Protokollbuch, das mit dem 25. Februar 1923 beginnt, und ein Kassenbuch von 1896 sind alle Unterlagen wie Chroniken, Protokollbücher, Zeitungsberichte, Kassenbücher, Bilder, historische Gegenstände und andere Archivalien, einschließlich der prächtigen Vereinsfahne, beim Bombenangriff vom 18. Oktober 1944 verloren gegangen. Ein Datum, das die alten Beueler nie vergessen werden. 1950 wurde eine neue Tragefahne angeschafft, die jedoch 2010 ersetzt werden musste.

Das Vereinsleben bestätigt immer wieder das ausgeprägte Gemeinschaftsgefühl der Schifferinnen und Schiffer. Die Freuden und Nöte der Menschen haben sich verändert. Aber bei allen Höhen und Tiefen hat der Verein auch nie das Feiern von Festen vergessen. Er nimmt am Karneval teil, lädt zum Maifischessen ein und organisiert ein Promenadenfest. Außerdem unterstützt er den Stadtbezirk Beuel mit Rat, Tat und Finanzmitteln, um ihn lebens- und liebenswert zu erhalten.

Nach wie vor wird die Tradition der Altvorderen hochgehalten. So berichten Bronzetafeln an der Hochwasserschutzmauer am Rhein über die Fährgerechtsame, die Gierponte und das erste Beueler Dampfschiff „de Noßschaal“.

Daneben meldet sich der Verein mit heimatkundlichen Publikationen zu Wort. Angefangen hat es mit „Beueler Geschichte und Geschichten“ zum 125-jährigen Jubiläum der Pfarrkirche St. Josef. Dieses Theaterstück wurde auch auf DVD festgehalten.

Eine Dokumentation über die Restaurierung des St. Adelheidis Spiels fand große Beachtung. Die Festschrift „1862 - 2012 – 150 Jahre mit Gott voraus“ ist eine beeindruckende Darstellung der Geschichte des Schiffer-Vereins. Die Publikation „Das isst Beuel“, eine kleine Kulturgeschichte über das Essen im Rechtsrheinischen, in Beuel und darüber hinaus, machte ebenfalls 2012 Furore.

Das Kochbuch „Eine wahrhaft königliche Spezialität für die Rheinländer – Et Knällche – oder wie das Gericht sonst noch heißt“ ist bereits in 2. Auflage erschienen und hat sich mit 1.500 Exemplaren zu einem wahren Bestseller gemausert.

„Wenn es den Schiffer-Verein nicht geben würde, müsste er erfunden werden“, sagt der ehemalige Bezirksbürgermeister Wolfgang Hürter, und der ehemalige Oberbürgermeister von Bonn, Jürgen Nimptsch, stellt fest: „Jeder gute Beueler muss Mitglied im Schiffer-Verein sein.“

Und so heißt es auch nach über 150 Jahren immer noch voll Zuversicht:

Mit Gott voraus!

„Vom Beueler Duft“ und den „Beueler Weibern“

von Patty Burgunder

Also, ich muss gestehen, dass ich den ursprünglichen „Beueler Duft“ ja gar nicht mehr erlebt habe. So wie Sie alle, liebe Leserinnen und Leser, auch nicht, denn sonst müssten Sie weit über 200 Jahre alt sein. Aber wir haben Vorfahren, die aus dem Nähkästchen geplaudert und all das, wie es früher war, aufgeschrieben haben. Heute würde man Ihnen die Geschichte und Geschichten vermutlich über das Handy mit WhatsApp als Text- oder Sprachnachricht zuschicken. Aber der Reihe nach.

Das Rheinufer auf der „Schäl Sick“ war vom ausgehenden 18. Jahrhundert an der Arbeitsplatz vieler Beueler Frauen und Mädchen, die hier von Tagesbeginn an bis zur einbrechenden Dunkelheit die Stoffe und Wäsche der wohlhabenden Kundschaft der Region gebleicht und gewaschen haben. Eine harte Arbeit, aber eine der wenigen Verdienstmöglichkeiten für Frauen in einer Zeit, die wir heute so gerne verklärt die gute alte Zeit nennen. Um keine Missverständnisse aufkommen zu lassen, Männer waren daran natürlich auch beteiligt, davon später mehr.

Bereits lange vor Beginn der Industrialisierung nämlich hatte sich in dem kleinen und unbedeutenden Fischerdorf Beuel eine Besonderheit entwickelt, die „Lohnbleiche“. Die sanft zum Strom abfallenden Rheinwiesen von über einem Kilometer Länge boten den Bleichern die denkbar günstigste Voraussetzung, die oft mehr als hundert Meter langen Stoffbahnen, die von Kölner Webereien und Tuchfabrikanten der Wupperstädte angeliefert wurden, auszubreiten. Mit Hilfe des „Sönnschens“, das ja in Beuel besonders intensiv scheint, und mit dem weichen Rheinwasser wurden die grauen Stoffe auf natürliche Weise und ohne den Einsatz von Waschmittel gebleicht. Heute würde man dazu „umweltfreundlich“ sagen, ein Wort, das damals allerdings noch nicht im Duden zu finden war.

Angeliefert wurden die Stoffballen mit Schiffen, die in Bonn in Höhe der Judengasse (heute Josefstraße) anlandeten und von wo sie von Beueler Schiffern mit ihren Kähnen über den Rhein nach Beuel gebracht wurden. Einer der Schiffer – ein bisschen Stolz darf sein – war mein Ur-Ur-Großvater, genannt „de Burgunders Köpp". Aber auch von ihm später etwas mehr.

Johannes Bücher beschreibt den Bleichvorgang wie folgt: *„Der Arbeitsvorgang der angelieferten Leinwand war verhältnismäßig einfach, vorausgesetzt, das Wetter spielte mit. Die ausgebreitete Leinwand wurde täglich mehrfach mit Rheinwasser begossen und dadurch unter dem Einfluss von Licht und Sonne gebleicht. Nachdem die Stoffe gebleicht waren, wurden diese im Rhein ausgewaschen, worauf sie den für Beuel unverkennbaren Geruch,* Beueler Duft *genannt, erhielten".*

Leider war der Lohnbleicherei keine lange Lebensdauer beschieden. Anfang des 19. Jahrhunderts nämlich war es in Frankreich gelungen, Chlorpräparate zu entwickeln, die den Bleichprozess industriell und damit schneller und kostengünstiger ermöglichten. Das „Aus" für die hiesigen Bleichereien.

Die Beueler aber, die schon den Wegfall ihrer jahrhundertelang ausgeübten Berufe als Fischer oder Schiffer durch das Aufkommen der Dampfschifffahrt und der beginnenden Industrialisierung verkraftet hatten, schafften es auch damals wieder, sich den geänderten Verhältnissen der neuen Zeit umgehend anzupassen. Innerhalb kürzester Zeit nämlich stellten die Beueler Bleicher ihr Gewerbe auf die Lohnwäscherei um (ab 1840), die mit vergleichsweise geringen Investitionen betrieben werden konnte.

Bald befand sich fast in jedem Haus an der Rheinstraße (heute Rheinaustraße) eine Wäscherei, und die Bonner, die ihren Blick nach Beuel wandten, wunderten sich über die viele Wäsche, die dort – nach dem Auswaschen im Rhein – auf den Rheinwiesen zum Trocknen ausgelegt waren.

Der Zeitpunkt der Umstellung war günstig, nicht zuletzt durch die wachsende Zahl der Bonner Einwohner im Zusammenhang mit der

„Ansicht auf Bonn von der rechten Rheinseite aus"
von Joh. A. Lasinski

Einrichtung der Universität, der Kliniken, der Garnison und sonstiger Behörden sowie durch den Zuzug von wohlbetuchten Rentnern. Beuel entwickelte sich deshalb binnen weniger Jahre zu „dem Wäscherdorf am Rhein", dessen Kundschaft bald über Bonn hinaus bis nach Köln und die Städte am Niederrhein und der Ruhr reichte. Es gab sogar Kundschaft in Berlin, die mit der Eisenbahn beliefert wurde, wie ältere Zeitungsausschnitte berichten. Ab 1898 und nach dem Bau der Beueler Werft und der Rheinpromenade verkehrte bis Mitte der 1920er Jahre wöchentlich ein Wäscheschiff („Rheinland") zwischen Beuel und Köln, um die dortige Kundschaft – die den „Beueler Duft" zu schätzen gelernt hatte – zu bedienen.

Der Beueler Rundfunkjournalist, Buchhändler und Autor Johann Ignaz Schmitz (nach seiner Heirat Schmitz-Reinhardt) schreibt 1949 dazu: „*Und wenn einmal ein Beueler eine Reise machte, Verwandte oder Bekannte zu besuchen, dann konnte es geschehen, daß er sein Taschentuch in der Runde herumreichen musste, weil jeder einmal den* Beueler Duft, *dieses eigenartige Fluidum, das man an der Beueler Wäsche lobte, einatmen wollte.*"

Im Jahre 1885 – so Johannes Bücher – gab es in Beuel und Combahn 46 Wäschereien, die von 32 männlichen und 14 weiblichen Inhabern betrieben wurden. Eine Frauenquote, von der die heutige Arbeitswelt nur träumen kann. In diesen Waschanstalten – meist Familienbetriebe – halfen alleine 68 Familienangehörige mit, die Wäsche zu reinigen, zu bleichen, zu trocknen, zu bügeln und zu mangeln. Die Zahlen der Wäschereien für die Jahre 1912/13 zeigen für Beuel (Combahn war in Beuel aufgegangen) 79, für Vilich-Rheindorf 9 und für Schwarzrheindorf 11 Wäschereien auf.

Das Abholen der Schmutzwäsche bei der Kundschaft sowie die Auslieferung der frisch gewaschenen und gebügelten Wäsche war – wie auch das Kassieren der Rechnung – Männersache. Am liebsten lieferten sie die Ware nach Köln aus, besonders an den Karnevalstagen. Mit der „dicken Marie“ in der Tasche machten sie sich dann dort gerne einen schönen Tag, sehr zum Unmut ihrer Frauen, die sich derweil zuhause in Beuel am Waschtrog die Finger wund schrubbten.

„Watt die könne, könne mir schon lang“, so die selbstbewussten (verheirateten) Beueler Frauen, die deshalb seit jeher am Donnerstag vor Karneval ihre harte Arbeit ruhen ließen und ein Fest aufzogen, das ihnen alleine gehörte: „Wieverfastelovend“ genannt. *„Die Männer“,* so Schmitz-Reinhardt, *„mussten an diesem Tag schweigen und selbst der grimmigste Haustyrann wagte es nicht, das Privileg der Gattin anzutasten.“* Weiter schreibt er von einem Mann, der beim Eintritt in den mit „Weibern“ gefüllten Saal von einem Dutzend handfester Amazonen ergriffen und seiner Beinkleider beraubt wurde. Und selbst in Bonn, so der Autor, fürchteten sich die Männer lange Zeit vor dem Zorn der Beueler „Weiber“ und wagten es nicht, an diesem Tage ihren Fuß auf das Beueler Ufer zu setzen. *„Die Bonner Weiber allerdings“* – so Sylva Harst – *„benutzten die Gelegenheit, um mit ihren Geschlechts- und Schicksalsgenossinnen auf der anderen Rheinseite die Befreiung vom eheherrlichen Joch wenigstens einen Tag gebührend zu feiern.“*

1824, ein Jahr, nachdem in Köln der erste Karnevalszug der Neuzeit mit den „Roten Funken“ an der Spitze durch die Straßen der Stadt gezogen war, lenkten auch die „Wiever“ ihr fröhliches Treiben in geordneten Bahnen und gründeten das „Beueler Damenkomitee“, heute „Altes Beueler Damenkomitee von 1824“ genannt. „*Das Komitee war die erste karnevalistische Vereinigung, die von rheinischen Frauen ins Leben gerufen wurde*“, schreibt Sylva Harst, die weiter berichtet: „*Sie* (die Wiever) *gaben der Weiberfastnacht durch die Bildung des Komitees, die Wahl der Schultheißin und die Veranstaltung einer Sitzung, deren Programm sie selbst gestalteten, eine bestimmte Form. Es war die Form, die sich im Laufe der Zeit von Beuel aus in vielen Städten und Dörfern des Rheinlandes eingebürgert hat.*“

Heute, wo jeder Haushalt über eine Waschmaschine verfügt und die Wäsche nicht mehr auf den Rheinwiesen zum Trocknen ausgebreitet werden muss, ist der ursprüngliche „Beueler Duft“ nicht mehr zu riechen.

Wenn Sie aber, liebe Leser, in diesen Tagen einmal ihre Schritte vom Beueler Rheinufer in Richtung Osten lenken, und dabei in die Gegend der Schokolade und Marzipan verarbeitenden Firma Kessko kommen, dann können Sie ihn schon von weitem riechen, den neuen „Beueler Duft“. Duft, der Appetit auf mehr macht. Und einmal im Jahr, am zweiten Wochenende im September, wenn in Pützchen das Riesenrad aufgebaut und die weit über hundert Buden und Wurstbratereien Spezialitäten aus aller Welt zubereiten, dann ist auch er hier wieder in aller Nase, der “Duft vom Pötzjes Maat“, hier aber schon seit 1367 zu riechen.

Am Anfang meines Berichtes habe ich meinen Ur-Ur-Opa, den Schiffer und Wäschermeister „Burgunders Köpp“, erwähnt. Und mein Vater Reiner ist der Käpt´n vom Schiffer-Verein. 2003 hatte ich dann die Ehre, Eure Wäscherprinzessin in Beuel zu sein. All das hat den Herausgeber dieses Buches dazu bewogen, mir den Beitrag „Vom Beueler Duft“ und den „Beueler Weibern“ aufs Auge zu drücken. Ich hoffe, er akzeptiert ihn so, und nicht nur ihr Beueler Frauen und Mädchen habt Eure Freude daran. Und noch was, ihr Beueler Frauen: Wir müssen zusammenhalten, denn die Kerle von heute sind nicht anders als die in diesem Beitrag beschriebenen von Anno dazumal. Denkt dran!

Die Anfänge der Ruderei in Bonn

von Theodor Zens

Sportliches Rudern wird in Bonn seit 1865 gepflegt. Damals waren Beueler Fischer und Schiffer dazu übergegangen, neben ihrem schweren Beruf das sportliche Rudern zu üben. Auch einige Bonner fanden zu dieser Gemeinschaft, die sich fortan Beuel-Bonner Ruderclub nannte. Trikot weiß mit blau besetzt, Mütze weiß mit blausilberner Kokarde.

Aus alten Chroniken wissen wir, dass die langen Kerls des Beuel-Bonner Ruderclubs auf den Regattaplätzen Frankfurt, Hamburg, Köln, Bad Ems und auch im holländischen Nimwegen gefürchtete Gegner waren und so manchen Sieg verbuchen konnten.

Auf der 2. Emser Regatta 1877 ging die Mannschaft C. Alvarado, A. Uerdingen, Fritz Broel, Fritz Schmitz und Steuermann M. Alvarado mit dem Kielboot „Komet" gegen den Kölner Ruder-Verein Union an den Start. Sie gewann dieses Rennen. Kaiser Wilhelm I. überreichte persönlich einen prächtigen silbernen Pokal als Siegespreis.

Die Beuel-Bonner Ruderer sollen es auch gewesen sein, die durch Anbringen einer Außenlatte mit Dollen die Möglichkeit fanden, ihre Boote wesentlich schmaler zu bauen und damit schneller zu machen. Auch waren sie Vorläufer der späteren so bequemen Rollbahnen, indem sie die Sitzbahnen mit Seife einrieben und ansonsten mit ledernen Hosenböden Auslage und Endzug länger machten.

Lange konnte die junge Rudergemeinschaft indes nicht bestehen; es fehlte an Nachwuchs und Interesse auf breiter Basis. Nach den 1880er Jahren verlagerte sich das Rudern zunehmend von Beuel nach Bonn. Die Boote, die ein Herr Davenport zur Verfügung gestellt hatte, drei Vierer und ein Zweier, gingen nebst dem auf Fässern und Balken schwimmenden Bootshaus durch Verkauf von Beuel nach Bonn. Dort wurde im Jahre 1882 mit dem Bonner Ruderverein ein neuer Verein gegründet.

Die Betreuung des Bootshauses und der Boote oblag von 1882 bis 1919 Wilhelm Burgunder aus Beuel. Fast täglich ruderte er mit seinem Nachen über den Rhein, um dort nach dem Rechten zu sehen. Wegen seiner Verdienste um den Verein, der heute noch außerordentliche Erfolge vorzeigen kann, zeichnete ihn der in Bonn studierende und hier den Rudersport ausübende Kronprinz mit einer Verdienstmedaille aus. Lange konnte sich der so Dekorierte allerdings nicht an der Auszeichnung erfreuen. Eine seiner Töchter „schmückte" sich bei einem Ball mit der Medaille, bei der sie dann verloren ging. Burgunder, ene ächte Beuele Jung, dazu trocken: „Watt fott es, es fott."

Wo liegt Beuel?

Die Geschichte ereignete sich in Berlin-Grünau bei einer Ruderregatta. Am Start des hochkarätig besetzten Einerfeldes mit Ruderern aus Mainz, Hamburg, Frankfurt, Mannheim und Berlin auch Franz Skoda vom Wassersportverein Beuel. Während des Rennens ertönt aus dem Lautsprecher des Regattasprechers immer öfter der Name Beuel. Ein Berliner Zuschauer, in Geographie scheinbar nicht bewandert, fragt darauf einen Beueler Schlachtenbummler: „Wo liegt Beuel?" Darauf dieser: „Drei Bootslängen vor Berlin."

hpm

Die alte Bonner Rheinbrücke und das Bonner Bröckemännche

von Hermann Messinger (†)

„Nun rauschte mir der Strom mitten durchs Herz, ich hörte ihn in der Nacht. ... Das war wirklich der Rhein."

– Wilhelm Schmidtbonn

Missmutig blickte der Bonner Oberbürgermeister Wilhelm Spiritus aus dem Fenster des Bonner Rathauses auf den Marktplatz. Es war im Sommer 1894, und Spiritus ärgerte sich über die Sturheit der Vilicher Bürger, die nicht seinen Plänen für den Standort einer Rheinbrücke zwischen Bonn und dem jungen und aufstrebenden Beuel in der Gemeinde Vilich folgen wollten. Seit drei Jahren regierte dort als Gemeindebürgermeister der 34jährige Friedrich Breuer. Nicht, dass der etwas gegen eine Rheinbrücke hätte, nein, der Standort der geplanten Rheinbrücke passte einfach nicht in die vorhandene Infrastruktur in diesem Bereich. Dort, wo auf Beueler Seite die Brücke enden sollte, waren nur Wiesen und Felder. Das eigentliche Zentrum lag weiter südlich, bei St. Josef.

Dass was geschehen musste, war für beide Seiten klar, denn das Verkehrsaufkommen, insbesondere auch durch die Industrialisierung gerade im Ortsteil Beuel, hatte rapide zugenommen. Die Gierponte, eine regelmäßige Fährverbindung in Form einer Gierseilfähre, die zwischen dem Beueler Kriegerdenkmal in Beuel-Combahn und der Josefstraße in Bonn verkehrte, war ausgelastet. Zudem kam es zu Behinderungen durch Hoch- und Niedrigwasser, Nebel, Eisgang und Dunkelheit. So schrieb schon der Bonner Germanist Karl Simrock in seinem Buch „Das malerische und romantische Rheinland": „ ... würden wir den isolierten Finkenberg, den Ennert ... fleissiger besuchen, wenn wir eine stehende Brücke hätten oder die Abfahrtszeiten der fliegenden weniger ungewiss wären."

Die Gemeinschaft der Fährbeerbten forderte aber auch ihren Obolus für die Aufgabe der Fährrechte. Seit dem 10./11. Jahrhundert betrieb die Vereinigung der Schiffer die Fähren. Sie wurden Fährgerechtsame genannt und erhielten 1325 vom Kölner Erzbischof Heinrich von Virneburg ihre entsprechenden Urkunden. Zwanzig Fährberechtigte bekamen damals ihre Rechte und Pflichten übertragen, die bis zur Fertigstellung der Brücke galten. Die Stadt Bonn einigte sich mit den sogenannten Fährbeerbten auf 190.000 Mark Abfindung und weitere 30.000 Mark Entschädigung. Die Gemeinde Vilich, seit 1891 im Gespräch mit der Stadt Bonn wegen des Baus der Brücke, zahlte nichts davon. Sehr zum Ärger des Bonner Oberbürgermeisters Wilhelm Spiritus.

Der Gemeindebürgermeister Friedrich Breuer hatte den Antrag an seine Gemeinde Vilich gestellt, in Beuel ein Rathaus zu errichten, denn er sah zukünftig das Zentrum der Gemeinde in Beuel. Breuer war ein Visionär, dem letztlich Beuel viel zu verdanken hat. Man folgte seinem Antrag und begann 1895 mit dem Bau eines Rathauses und 1896 schon zog man in den Neubau an der damaligen Friedrichstraße ein. Auch das ärgerte Spiritus: Geben kein Geld für die Rheinbrücke, bauen sich aber ein neues Rathaus.

1894 hatte die Stadt Bonn den Wettbewerb für die Rheinbrücke ausgeschrieben. Den mit 8.000 Mark dotierten 1. Preis erhielt die Gute-Hoffnungshütte in Oberhausen. Architekt war Bruno Möhring, und die Firma R. Schneider aus Berlin unterstützte die Oberhausener Brückenbauer. 1896 begannen dann die Gründungsarbeiten für die damals größte Bogenbrücke der Welt (Gesamtlänge 432 m, Spannweite 187,92 m). Oberbürgermeister Spiritus hatte vorgesorgt und die Kosten von vier Millionen Mark durch Mittel der Stadt Bonn, öffentliche Anleihen, die Unterstützung privater Spender und bei Fertigstellung des Bauwerks durch die Erhebung einer Transportgebühr finanziert. Es war schon etwas Besonderes, denn es war die erste Eisenbrücke über den Rhein, die von einer Stadt finanziert worden war.

Die Brücke wurde also gebaut und am 17. Dezember 1898 feierlich durch den Oberbürgermeister Wilhelm Spiritus eingeweiht. Sie endete auf Beueler Seite in Feldern und Wiesen. Spiritus betonte bei seiner Einweihung, dass sich die Stadt Bonn mit Stolz rühmen kann, aus eigener Kraft und eigenen Mitteln eine feste Brücke über den größten Strom Deutschlands erbaut zu haben.

Josef Bellinghausen (1913 Beuel † 2013)*
„Alte Bonn-Beueler Rheinbrücke"
undatiert, Öl auf Leinwand, Privatbesitz
Repro: Fotostudio Menke

Und dieser 17. Dezember 1898 war die Geburtsstunde des Bonner Bröckemännchens. Spiritus und seine Mitstreiter hatten sich etwas ausgedacht, um den rechtsrheinischen Bürgern wegen ihrer Weigerung der Mitfinanzierung der Rheinbrücke einen „nachbarschaftlichen Gruß" zu entbieten. Von dem Bonner Bildhauer Josef Nicolas sind sowohl das Bröckemännche als auch das Bröckeweibche geschaffen worden. Am rechten Turm des Strompfeilers auf Beueler Seite, unmittelbar über dem Durchgang für die Fußgänger, wurde das „Bröckemännche" enthüllt. Es streckte sein Hinterteil, à la Götz von Berlichingen, zur Beueler Seite. Sei es aus Missachtung wegen der Nichtbeteiligung an der Finanzierung oder nach dem Motto: „Ihr könnt uns emol, mir Bonner schaffe dat och alleen!" streckte er nun sein Hinterteil, mit einem Flicken bedeckt, den Beuelern entgegen. Auf einer Postkarte aus der damaligen Zeit ist zu dieser Thematik ein Spruch verewigt:

„Am Brückentor auf der alten Rheinbrücke gen Beuel gewandt,
dies kleine Männchen sein Plätzchen fand.
Zum Trotze der Beueler rief es ganz laut,
Bonn hat die Brücke alleine gebaut."

Am linken Turm des Pfeilers wurde das „Bröckeweibche" angebracht. Johannes Bücher, der bekannte Beueler Historiker, schrieb von einer „kraftbewussten Frau, die mit erhobenem Pantoffel drohte". Ihre Haube glich den Stadtzinnen. Auch die Beueler haben über die beiden Figuren gelacht, wurde das Bröckemännche doch weit über die Stadtgrenzen hinaus bekannt und Dank der Postkarten in alle Welt verschickt. Auch durch ihre malerische Lage – blickt man aus nördlicher Richtung zum Siebengebirge – war die Rheinbrücke eine der schönsten ihrer Art im Rheintal.

Später einigten sich die Bonner und Beueler, und jeder zahlte seinen Anteil an der Brücke. Die Figuren blieben natürlich an ihren Plätzen. Die Infrastruktur änderte sich zwangsläufig auf beiden Seiten. Auf Beueler Seite wurden Zufahrtswege gebaut, und bereits 1902 fuhr, insbesondere auf Betreiben von Bürgermeister Friedrich Breuer, die erste „Elektrische" vom Beueler zum Bonner Bahnhof.

Leider wurde die Brücke ein Opfer des 2. Weltkriegs und durch deutsche Soldaten am 8. März 1945 abends um 20.20 Uhr in die Luft gesprengt. Einen Tag später übergab man die Stadt Bonn morgens um 9.00 Uhr amerikanischen Truppen.

Und wo waren „dat Bröckemännche" und sein Pendant „dat Bröckeweibche"? Keiner wusste es, als sich der Bonner Bauausschuss bereits im August 1945 mit dem Bau einer neuen Brücke befasste. Am 12. November 1949 wurde die neue Rheinbrücke feierlich eröffnet und im Dezember 1963 nach dem ermordeten US-Präsidenten John F. Kennedy benannt.

Aber beide Symbolfiguren waren gerettet worden. Der Beueler Gastwirt Philipp Otto sicherte das Bröckemännche vor Souvenirjägern und vergrub es in seinem Garten. Es blieb auch sein Geheimnis. Selbst einem amerikanischen Offizier wollte er das Bröckemännche nicht übergeben. Der Soldat bot „10 Mille Zigaretten und große Menge Kaffee und Kakao, wenn Sie mir gebben Brückenmännschen". Aber Philipp Otto blieb standhaft und soll gesagt haben: „Et deet me leed, dat Männche is mir widde jeklaut wudde." Aber das Bröckeweibche konnte aus den Trümmern geborgen werden und tauchte 1949, auf einem Sockel am Rhein stehend, wieder auf. Zur Feier der 125jährigen Weiberfastnacht im Februar 1949 holte Philipp Otto die Figur, gemeinsam mit Bürgermeister Reuter, aus seinem Versteck. Gemeinsam durfte das Bröckenmännche mit dem Bröckeweibche auf einem geschmückten Wagen im Weiberfastnachtszug durch die Beueler Straßen ziehen, ehe es wieder restauriert an der neu errichteten

Rheinbrücke angebracht wurde. Die Restaurierung übernahm seinerzeit der Bonner Bildhauer Jakobus Linden, der der Stadt Bonn auch eine typisch rheinische Rechnung schrieb: „Dem Bröckemännche die Beinkleider geflickt!“ Leider wurde das Bröckemännche durch Jugendliche am 18. März 1960 mutwillig zerstört. Mit Unterstützung der Mitbürger wurde eine Nachbildung des Bröckemännches gefertigt und wieder an der Brücke angebracht.

Als die Kennedybrücke in den Jahren 2011/2012 aufwendig renoviert werden musste, bekam unser Bröckemännche zunächst eine neue Bleibe und wurde nach Fertigstellung der Arbeiten wieder am Brückenpfeiler in Richtung Beuel angebracht. An der Hochwasserwand in Beuel hängt eine Nachbildung unseres berühmten Bröckemännches in Nachbarschaft des Bröckenweibchens. „De Welt es e Lake, dat selvs de Beueler net wäsche könne“, steht als Inschrift im Sockel des Bröckenweibchens.

Seltene Ansichtskarte: Feier zur Eröffnung der ersten Bonn-Beueler Rheinbrücke am 17. Dezember 1898.
Stempeldatum: 17. Dezember 1898.
Postkarte: Druck und Verlag von J.F. Carthaus, Bonn
Quelle: Denkmal- und Geschichtsverein Bonn Rechtsrheinisch e.V.

Eine illustre Gesellschaft war im Februar 1949 bei der „Exhumierung" des Bröckemännchens anwesend: Ignaz Schmitz-Reinhard, Prof. Neu, Willy Molberg und natürlich Philipp Otto, nur um einige zu nennen. So schrieb man im „Mitteilungsblatt der Gemeinde Beuel“: *„Was schon lange in Beuel gemunkelt wurde, ist nun Tatsache geworden. Dat Bröckemännche ist am Mittwochmorgen um 10.00 Uhr aus seiner kühlen Gruft zwar etwas angeschossen, im wahrsten Sinne des Wortes, aber sonst gut erhalten auferstanden, um das 125jährige Jubiläum der Beueler Weiberfastnacht miterleben zu können. Es hat uns Beuel die Treue gehalten und sein freiwilliger Retter und Pflegevater Philipp Otto hat das Geheimnis, das in all den Jahren um das Männchen geisterte, nun gelüftet.“*

Nach dem verlorenen Ersten Weltkrieg wird die Gemeinde Vilich/Beuel am 8. Dezember 1918 zunächst von kanadischen Militäreinheiten besetzt. Das Foto, aufgenommen am 8. Januar 1919, zeigt die C Company des 28th (Northwest) Canadian Infantry Battalion CEF vor der alten Bonn-Beueler Rheinrücke paradierend. Quelle: Foto-Sammlung Michael Büchel

„De Busche Wellem“ und seine Majestät Kaiser Wilhelm II.

von Theodor Zens

Eine der schillernsten Gestalten im alten Bonn war der Bademeister des Strandbades an der Gronau, Wilhelm Busch. „De Busche Wellem“, wie er allgemein nur genannt wurde, führte dort ein strenges Regiment und schreckte auch nicht davor zurück, Schwimmern, die seinen Anweisungen nicht folgten, als Mahnung zu „verkamesölen“.

Busch war auch Schwimmlehrer und Rudertrainer. Der spätere Kaiser Wilhelm II. (1859-1941) war während seiner Studienzeit an der Bonner Universität (1877-79) einer seiner Schüler. Josef Dietz, Chronist der Stadt Bonn, hat eine Episode aus dem Leben der beiden festgehalten, die wir hier gerne ungekürzt wiedergeben:

„Unweit der Ankleideräume des Strandbades besaß der Bademeister, primitiv auf einem Ponton aufgebaut, ein schwimmendes WC. Prinz Wilhelm hatte sein Ruderboot ‚Alexander' an Buschs Ponton befestigt oder umgekippt neben dem bekannten ‚Häuschen' aufbewahrt. Fast täglich erschien der Prinz auf dem Ponton, um sein Boot flott zu machen.

Eines Nachmittags, als sich Busch gerade in das Häuschen zurückgezogen hatte, tauchte der Prinz auf. ‚Guten Tag Meister Busch', begrüßte der Prinz unseren Wellem, der die Tür des Häuschens offenzuhalten pflegte, ‚wollen Sie mir helfen, das Boot zu Wasser zu bringen?' Aus der Tiefe seiner Klause antwortete Busch in echt bönnschem Platt: ‚Ne Oogenbleck, Hoheit, ich ben jlich esu wick!' Der Prinz gab ihm Antwort in Platt, so gut es ging: ‚Entschuldige se Meister, lassen Se sich net stören, ich hann noch jett Zick.'

Jedesmal, wenn der der spätere Kaiser Bonn besuchte, ließ er Busch zu sich kommen. Bei einem solchen Zusammentreffen sagte Wilhelm II.: ‚Schmeckt Ihnen noch der gute weiße Wein vom Rhein?

– ‚Jawohl, Majestät, äwe de rude es mir leeve!' Zu seinem Geburtstag traf prompt bei Busch eine große Kiste mit Rotwein nebst einem Glückwunsch vom Kaiser ein.

Als Busch einmal in Berlin war, wollte er dem Kaiser mal eben guten Tag wünschen. Also auf zum kaiserlichen Palais! Den Posten würdigte er keines Blickes. Der aber hielt Busch an. Es kam zu einem lauten Gespräch, so daß der wachhabende Offizier heraustrat und hörte, daß dieser Mann aus dem Rheinland S. M. einen guten Tag sagen wollte. Busch sagte, man solle dem Kaiser nur sagen, der Wilhelm Busch aus Bonn sei da, dann werde er schon vorgelassen. Endlich kam noch der Hofmarschall von Mirbach, der unseren Busch kannte, und dann hieß es zum Erstaunen der ganzen Wache: ‚Majestät lassen bitten!'

Busch hat in seinem langen Leben 58 Menschen vor dem Ertrinken gerettet. Am 25. September 1919 schloss er für immer seine Augen. Er wurde in seiner Badeanstalt aufgebahrt und von dort aus zum Nordfriedhof zur letzten Ruhe geleitet.

---

*Quelle: „**Bonn im Spiegel der Jahrhunderte**". Eine Sammlung heimatkundlicher Zeitungsartikel, ausgewählt von Ernst Linderoth. Herausgeber: Bonner Heimat- und Geschichtsverein e.V., in Verbindung mit dem Stadtbezirk Bonn, Bonn 1992*

Mit allen Wassern gewaschen
Flussbadeanstalten

von Inke Kuster

Wir wollen ein Badeschiff für Bonn“, schrieben Abgeordnete zum Europäischen Flussbadetag 2015 dem damaligen Bonner Oberbürgermeister Jürgen Nimptsch, „denn der Rhein schickt keine Wasserrechnung für das Badewasser.“ Das war eine interessante, aber keine neue Idee, denn sie knüpfte an die Tradition der Flussbadeschiffe an.[1]

Die ersten Flussbadeanstalten gab es im 18. Jahrhundert. Nach der wasserscheuen Barockzeit wuchs während der Aufklärung der Wunsch nach der reinigenden und stärkenden Kraft des Wassers. So berichtet Josef Dietz von einem Badeschiff, das 1791 unterhalb des kurfürstlichen Schlösschens „Vinea Domini“ vor Anker lag. Es war mit bequemen Badezimmern ausgestattet, die von den wohlhabenden Bonner Bürgern gerne genutzt wurden.

Der Bonner Professor Joseph Emmoser verfasste einen Artikel über den Nutzen des Badens und Schwimmens, der 1830 im „Bonner Wochenblatt“ veröffentlicht wurde. Der Professor warb für das Schwimmen und das Schwimmenlernen auch im höheren Alter in einer sicheren Anstalt, da der Rhein für jeden Nichtschwimmer etwas Tückisches hätte und den Nichtschwimmer als Beute verschlingen könnte. Zeitgemäß wandte sich der Professor ausschließlich an männliche Personen. In derselben Ausgabe der Zeitung inserierten ein Schwimmlehrer und der Universitätsfechtlehrer, dass sie es an nichts ermangeln lassen werden, um Sicherheit und Ordnung auf den Schwimmbahnen zu gewährleisten. Gemeint waren die Bahnen der Universitätsschwimmanstalt am Beueler Rheinufer, die 1830 eröffnet und von Bernhard Thiebes betrieben wurden.[3]

Hans Lambertz berichtet von dieser Schwimmanstalt, dem Floß, auf dem eine Hütte zum Umkleiden stand. Dieses Badefloß war beliebt bei der Bonner Prominenz und den Studenten, die von Bonn her mit

Nachen über den Rhein setzten[4] und den Tag auf der Sonnenseite des Rheins genossen, indem sie die Seele so lange baumeln lassen konnten, bis dieses Badeschiff nach Bonn verlegt wurde.

Die erwähnten Artikel und Berichte sind Zeugnis der Badekultur vor dem 1. Weltkrieg, einer Zeit, als das Freiluftbaden, die Freikörperkultur zunehmend zur Volkskultur gehörte. „Mehr Licht, mehr Luft, mehr Sonne“ – mit diesem Motto und dem eingepackten Badeanzug gingen die Beueler und die Bonner zum Baden in diesen Vorgänger der Beueler Bütt, so lange, wie sie im Rhein schaukelte.

1904 erhielt Beuel eine Badeanstalt geschenkt. Dies war eine großzügige Spende des Arztes Dr. Gudden, der die Irrenanstalt in Pützchen geleitet hatte. Johannes Bücher berichtet in seinen Erinnerungen von dieser Rheinbadeanstalt, dass es neben einem großen Bassin mit schwimmendem Holzboden auch die Möglichkeit gab, warme Wannenbäder zu nehmen. „Warme Bäder“ lesen wir noch heute auf den alten Abbildungen. Weiter berichtet Bücher von der vorgeschriebenen Geschlechtertrennung im Schwimm- und Badebetrieb. Das Eintrittsgeld sei recht niedrig gewesen; zu manchen Zeiten sei der Eintritt sogar frei gewesen. Diese Tage seien von den Kindern ausgiebig genutzt worden. Schulschwimmen gab es nicht, denn Bücher erinnert sich, dass die Rheinbadeanstalt, die in der Nähe der Schule lag, nie von der Klasse besucht worden war. Im Winter wurde das Badeschiff in den Hafen von Oberwinter geschleppt, wo es sicher vor Eisgang lag.[5]

In einem Zeitungsbericht von 1985 und einem Bericht aus Küdinghoven ist von Beuels erstem Hallenbad auf der Höhe der Rheinbrücke die Rede, von einem schwimmenden Hallenbad.

Bonn von der Rheinseite, Conrad Caspar Rordorf, um 1845

© Bonner Stadtarchiv und Stadthistorische Bibliothek

Über einen Steg erreichten die Besucher eine Halle aus Holz mit zwei Umkleiden. Diese Halle wurde von Pontons getragen und mit starken Tauen am Ufer gehalten. Durch das Schwimmbecken floss der Rhein. Eiserne Gitterstäbe verhinderten, dass die Schwimmer durch die Strömung hinausgetrieben wurden oder größere Gegenstände hineingelangen konnten. Die Nichtschwimmer erlernten das Schwimmen mit Hilfe von Ledergürteln, an denen Blechbüchsen hingen. In allen diesen Schwimmbädern galt das Prinzip der Geschlechtertrennung, denn wichtig war die Wahrung der Sittlichkeit. Nicht jedermann fand es schicklich, wenn Damen, für alle sichtbar, im Wasser umherschwammen.

Mit der Eröffnung des Limpericher Freibades (1929) wurde die Ära der schwimmenden Flussbadeanstalten in Beuel beendet. Beendet wurde auch das Gebot der Geschlechtertrennung, denn nicht Wenige verweigerten wegen dieser Trennung den Besuch. Die Trennung wurde aufgehoben, denn: Was zählt schon die Moral, wenn die Kasse nicht stimmt. [6,7]

Aus ähnlichen Berichten kann gefolgert werden, dass es auch Aborte gegeben haben muss, deren Inhalt nicht in den Fluss eingeleitet werden durfte.

Schwimmneulinge lernten das Schwimmen nicht nur mit Dosen um den Bauch, sondern auch an der Angel, der Longe, hängend. Ein berühmter Bonner Student, der spätere Kaiser Wilhelm II., lernte in solch einer Bonner Badeanstalt das Schwimmen, geschützt vor neugierigen Blicken.

So ganz gefahrlos war das Schwimmen in diesen vom Flusswasser durchflossenen Becken aber nicht. Manch einer holte sich blaue Flecken, wenn vor dem Badeschiff die Wellen durch Transportschiffe in Bewegung kamen und der Schwimmer durch den Druck der Wellen an den Beckenrand gedrückt wurde.

Die zunehmende Verschmutzung der Flüsse beendete die Ära dieser Bade- und Schwimmanstalten. Hallenbäder wurden gebaut, auch die Beueler Bütt. Noch existiert sie. Heute, bei verbesserter Wasserqualität, erleben die Flussschwimmbäder eine Renaissance, zu erleben in

Berlin, Bern oder Zürich. Ein Badeschiff für Beuel mit Café und Biergarten ist eine hervorragende Idee. Leider ist sie bisher nicht zum Schwimmen gebracht worden. Wir Bonn-Beueler sollten vorerst lieber mit einem Badeschiffchen für die Badewanne vorlieb nehmen, denn Schwimmbadideen können in Bonn schon mal baden gehen oder müssen ausgebadet werden.

Quellen:

[1] Brockschnieder, Dieter: Vorschlag an Bonner OB. Politiker wollen Badeschiff im Rhein. Kölner Stadtanzeiger 12.07.2015

[2] Dietz, Josef: Ein Bonner Badeschiff im Jahre 1791. In: Linderoth, Ernst: Bonn im Spiegel der Jahrhunderte. Bonn 1992

[3] Emmoser, Joseph: Über den Nutzen des Badens und Schwimmens. In: Bonner Wochenblatt Nr. 41. 23. Mai 1830

[4] Lambertz, Hans: Alt Beuel. Mündliche Aufzeichnungen

[5] Johannes Bücher: Beueler Erinnerungen, 1995

[6] Net, dat üür no Hus kot on set vesoffe! Bürgerverein Küdinghoven Juli 1997

[7] Hofmann, Lutz: 1915 begann das Badevergnügen. Bonner Rundschau 05.10. 1998

Ein Nobelpreisträger und die Lichter von Beuel

von Hans Paul Müller

Die Bonner Universität muss schon immer einen guten Ruf gehabt haben. Anders lässt es sich nicht erklären, dass so viele große Persönlichkeiten hier studiert haben, wenn auch nicht immer mit dem gewünschten Erfolg. Zu den berühmten Absolventen gehört Luigi Pirandello, der spätere Literaturnobelpreisträger.

Pirandello war gebürtiger Sizilianer. Er hatte in Rom Philologie studiert, bevor er im Wintersemester 1889/90 an die Bonner Universität wechselte. Hier promovierte er 1891 und blieb bis 1892 in Bonn als Lektor.

Obwohl Italiener, war Pirandello die rheinische Leichtigkeit fremd. Zunächst bewohnte er ein Hotel am Münsterplatz, bevor er in eine Zwei-Zimmer-Wohnung am Neutor zog. Und da wunderte er sich, dass er hin und wieder auch „Damenbesuch" erhielt von zwei Freundinnen – in Italien ein absolutes Unding.

Der rheinische Karneval brachte Pirandello völlig durcheinander. Dass Küssen erlaubt war, hatte er noch nirgendwo erlebt. Auf einem Maskenball in der Beethovenhalle lernte er Jenny Lander kennen, 20 Jahre jung. Er war hingerissen von ihrer Schönheit. Und das Glück wollte es, dass Jennys Mutter, Ehefrau eines Offiziers der Bonner Garnison, Zimmer vermietete. Also zog Pirandello in die Breitestraße 37a, die heutige Nr. 83.

Das Glück der beiden war nur von kurzer Dauer. Schon bald kehrte Pirandello nach Rom zurück, wo er von 1897 bis 1921 Literatur lehrte. Seine Jenny ließ er schlicht sitzen.

Aber vergessen hatte er sie nicht. 1895 verfasste er eine literarische Liebeserklärung an das Rheinland und an Beuel. Goethes „Römischen Elegien" nachempfunden, schrieb er die „Elegie renane",

Rheinische Elegien. Der zweite Vers seines berühmten 8. Klagegedichts lautet:

Rari, la nebbia, a tratti, i Lumi di Buel nel vento vincono,
como lame guizzano, dispaino.

Zuweilen, selten, besiegen die Lichter von Beuel im Wind den Nebel,
blitzen wie Klingen auf und verschwinden.[1]

Pirandello wurde ein berühmter Dramatiker. Vor allem nach dem Ersten Weltkrieg fanden seine Werke, die die Zweifel des Menschen an sich selbst und die Spaltung und Auflösung der menschlichen Persönlichkeit behandelten, großen Anklang.

Als Krönung seiner schriftstellerischen Arbeit erhielt Pirandello 1934 den Nobelpreis für Literatur. Ob „Die Lichter von Beuel" letztlich den Ausschlag dafür gegeben haben, bleibt ein Geheimnis des Nobelpreis-Komitees.

Eine interessante Anekdote beschreiben Helmut Böger und Gerhard Krüger in ihrem lesenswerten Buch „Berühmte und berüchtigte Bonner: 40 Portraits". Die beiden Autoren berichten, dass Jenny Lander mit ihrer Mutter nach Amerika auswanderte. Sie soll Erzieherin im Haus des amerikanischen Präsidenten Grover Cleveland gewesen sein. Sie heiratete wohl einen John J. Nolan.

1935 besuchte auch Pirandello die USA während einer Tournee. Böger/Krüger berichten, dass Jenny ihre alte Liebe gerne wiedergesehen hätte. Pirandello lehnte jedoch ab, angeblich mit der Begründung, er wolle der ehemaligen Geliebten „keinen kahlköpfigen Pirandello" vorzeigen.

---

[1] Pirandello, 1895, zitiert nach: W. Hirdt (Hrsg.): Bonn im Werk von Luigi Pirandello, Tübingen 1986

Der weiße Wal

von Michael Vaupel

„Die Natur ist ein unendlich geteilter Gott."
– Friedrich Schiller

Keine Frage: Irgendetwas ist ja dran an unserer Region – das sah 1966 auch ein Belugawal so. Denn dieser verirrte sich von der Nordsee in den Rhein und schwamm dann stromaufwärts bis zu den sieben Bergen. Im Rheinland auf den Namen *Moby Dick* getauft, hat dieser Wal dort bis heute eine gewisse Popularität. Und da sich dieser weiße Riese nicht ohne Grund dazu entschlossen hatte, nach Bonn und Königswinter zu schwimmen, möchte ich nun die Hintergründe dieser ungewöhnlichen Rheinreise schildern.

Die sind ziemlich interessant: *Moby Dick* wurde im Frühling 1966 an der kanadischen Küste gefangen genommen und von seiner Familie getrennt. Da hatte er noch Glück: Denn zu dieser Zeit wurden Belugawale (die nur in polaren und subpolaren Meeren leben) dort noch von zahlreichen Walfängern gejagt und erlegt. Er wurde nur deshalb nicht getötet, weil er an einen englischen Zoo geliefert werden sollte. Bei der Fahrt über den Atlantik kam das ihn transportierende Schiff in einen schweren Sturm, kenterte fast – und *Moby Dick* nutzte die Chance und entkam.

Er war in der Nordsee – fern von seiner Heimat und seiner Familie. Und er schwamm in den Hafen Rotterdam. Das klingt so einfach, allerdings sollten Sie nicht vergessen, dass Rotterdam der drittgrößte Seehafen der Welt ist. Mit Unmengen von Abzweigungen, Docks, Schiffen, giftigem Wasser …

Moby Dick schaffte es erfolgreich durch dieses Gewirr hindurch und schwamm den Rhein aufwärts. Am 18. Mai 1966 fiel er in Duisburg einigen Rheinschiffern auf. Als diese der Wasserschutzpolizei einen „Wal im Rhein" gemeldet hatten, wurde bei ihnen erst einmal der Blutalkoholspiegel gemessen. Doch die Rheinschiffer hatten Recht, und bald heftete sich Dr. Gewalt, der Direktor des Duisburger Zoos, dem Belugawal an die Fersen bzw. Flossen.

Erst wollte er ihn mit einem Netz fangen (*Moby Dick* trickste ihn aus, entkam sogar aus einer „Sackgasse“ = Seitenarm des Rheins), dann griff er zu härteren Methoden. Ein Bogenschütze sollte einen Pfeil mit einer Erkennungsboje auf *Moby Dick* schießen, auch sollte er per Betäubungspistole ausgeknockt werden. Das Betäubungsmittel war allerdings lebensgefährlich, da nicht für Meeressäuger geeignet.

Jagd auf Moby Dick

Aber *Moby Dick* überlebte, entkam, entschloss sich nach dieser wenig erfreulichen Erfahrung allerdings dazu, doch wieder ins Meer zurückzuschwimmen. Er schwamm ins Ijsselmeer, war fast wieder im offenen Meer…wenn da nicht der 29 km lange und wenige Meter breite Abschlussdeich gewesen wäre, der das Ijsselmeer von der Nordsee trennt. Die niederländischen Behörden zeigten sich menschlich und ließen extra eine Schleuse öffnen, um *Moby Dick* den Weg ins offene Meer zu ermöglichen. Und da geschah das Unglaubliche: Der Wal befand sich unmittelbar vor dieser offenen Schleuse, das offene Meer vor Augen – und er kehrte um! Er schwamm zielstrebig wieder den Rhein aufwärts. So, als ob ihm eingefallen war, dass er vor seiner Rückkehr ins Meer noch etwas vergessen hatte.

Sein Weg den Rhein hinauf war dramatisch. Der Rhein war damals eine Kloake, in die Abwässer und Chemikalien sowie Schwermetalle geleitet wurden, für *Moby Dick* gab es keine Nahrung, die Schadstoffe griffen seine Haut an. Er wurde immer schwächer, und dennoch kämpfte er Tag für Tag gegen die Strömung an, zudem erneut von Dr. Gewalt verfolgt.

Dann, am 13. Juni 1966, hatte er sein Ziel erreicht: den Bundestag in Bonn. Der befand sich damals im so genannten „Wasserwerk" in Rheinnähe, und eine zu diesem Zeitpunkt stattfindende Bundespressekonferenz wurde umgehend unterbrochen, als der „weiße Wal" im Rhein gesichtet wurde. Und da geschah es: Der abgemagerte *Moby Dick* tauchte auf, zeigte sich und seine von den Chemikalien geschundene Haut den Bundestagsabgeordneten und Journalisten, beobachtete sie. Und dann tauchte er ab!

Seine Mission war erfüllt. Er gönnte sich noch einen kurzen Abstecher nach Süden, um einen Blick auf die sieben Berge werfen zu können. Dann schwamm Moby Dick völlig entkräftet wieder stromabwärts, um so schnell wie möglich in die Nordsee zu kommen. Da er diesmal mit der Strömung schwamm, ging dies schnell, und am 16. Juni erreichte er das offene Meer – vielleicht mit letzter Kraft.

Was seine Mission war? Wer weiß das schon. Ich habe da aber meine ganz eigene Theorie: Vater Rhein hatte ihn um Hilfe gebeten. Er sollte die Menschen darauf aufmerksam machen, wie sehr sie die Natur vergewaltigen. Vater Rhein war direkt betroffen, es ging um sein Leben! *Moby Dick* half gerne (auch auf die Gefahr hin, dass er selber starb), und er hatte die Idee, dazu nach Bonn – dem damaligen Regierungssitz – zu schwimmen. Denn dort waren die Entscheidungsträger, die wollte er erreichen. Und das hat er auch.

Ich bin froh, dass *Moby Dick* seine Mission erfüllt hat. Denn nach ihm entwickelte sich ein Umweltschutzbewusstsein, welches es vorher so nicht gegeben hatte. Die ersten Umweltschutzgesetze wurden erlassen. Das Mitgeschöpf und die Umwelt müssen schließlich geachtet werden – schade, dass es erst diesen freundlichen Belugawal und Vater Rhein gebraucht hat, um uns Rheinländer darauf aufmerksam zu machen. Aber es gibt ja ein glückliches Ende: Vater Rhein geht es wieder gut, es schwimmen sogar wieder gesunde Lachse in ihm. Und er hat uns verziehen, dass er damals so schlecht behandelt worden ist. Zum Glück! Nicht auszudenken, wenn er sich dazu entschlossen hätte, nicht mehr durchs Rheinland zu fließen. Aber so schnell bringt ihn eben nichts aus der Ruhe.

Als ein Walross und ein großer Vogel Bonn besuchten

von Helga Zinsmeister

„Der Rheinwein stimmt mich immer weich und löst jedes Zerwürfnis in meiner Brust, entzündet darin der Menschenliebe Bedürfnis."

– Heinrich Heine

Wer kennt ihn nicht – den „Moby Dick" getauften Belugawal, der 1966 den Rhein hinaufschwamm? Doch bereits im Jahr 1688 – so ein Zeitungsbericht – soll es im Rhein einen ungewöhnlichen tierischen Besucher gegeben haben. Ein Walross soll damals „unter lautem Gebrüll" an Bonn vorbei bis nach Straßburg geschwommen sein. Diese Robbenart kann bis zu fünf Meter lang werden und ein Gewicht von 1.000 Kilogramm erreichen.

Der Bericht dazu merkt an, dass „das starke Geräusch der Wellen" die Bewohner von ganz Bonn an den Rhein gelockt habe. Ein Walross im Rhein – was für eine Attraktion im Jahr 1688! Die Wache auf dem Bollwerk des Alten Zolls – die solch ein „Ungeheuer" nie zuvor zu Gesicht bekommen hatte – feuerte einige Salven auf das Tier ab. Glücklicherweise wurde es nicht getroffen. So konnte das Walross unter dem Jubel der Bevölkerung unbeschadet seinen Ausflug im Rhein bis nach Straßburg fortsetzen und danach zurückschwimmen. Monate später wurde sein Kadaver (von vier Schüssen in den Kopf getroffen) bei Köln-Niehl aufgefunden. Es ist nicht überliefert, unter welchen Umständen das Tier seinen Weg in den Rhein gefunden hat. Normalerweise sind Walrosse in den kalten Gewässern der Nordhalbkugel zu Hause.

Walross und Belugawal waren nicht die einzigen ortsfremden Besucher im Rhein. So ließ sich von Zeit zu Zeit auch ein Seehund im Rhein blicken. Das bisher letzte Mal wurde am 17. Mai 1930 ein Seehund „gegenüber Beuel beobachtet", wie das Heimatbuch des Landkreises Bonn zu berichten weiß.

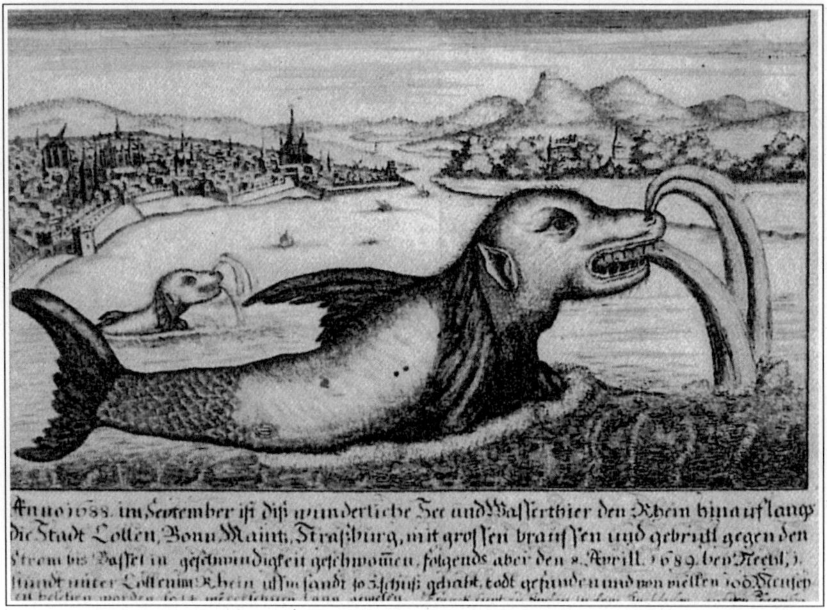

Ansicht von Köln mit einem Zahnwal, 1688.
©: Universitätsbibliothek Erlangen-Nürnberg,
EINBANDDRUCK.A-V-5

Der Rhein als Landebahn

Auch ein riesiger „Vogel“ suchte sich den Rhein als Landebahn aus – allerdings kein Tier, sondern ein Flugzeug. Konkret: Am 29. September 1932 landete eine Dornier DO X auf dem Rhein und wurde dabei laut Schätzungen von rund 100.000 Zuschauern aus Bonn und Umgebung beobachtet. Das „Großraumflugzeug“ mit einer Spannweite von 48 Metern landete auf dem Rhein und machte zwischen den beiden Bonner Fährgassen fest. Die DO X war zu dieser Zeit das größte Flugzeug der Welt, entwickelt in den 1920ern von Claude Dornier. 12-Zylinder-V-Motoren mit jeweils 640 PS Leistung trieben diesen „Vogel“ an. Insofern war es kein Wunder, dass dieses Flugzeug bei der Landung in Bonn die Menschenmassen anzog. Am 3. Oktober 1932 flog die DO X weiter nach Koblenz und stand in der Zwischenzeit für Interessierte zur Besichtigung zur Verfügung.

Die DO X konnte bis zu ca. 170 Personen befördern (Passagiere und Crew) und setzte für die damalige Luftfahrt entsprechend Maßstäbe. Die DO X bot ihren Passagieren eine bequeme Inneneinrichtung. Allerdings soll der Betrieb der Motoren in der Kabine der Passagiere zu derart starkem Lärm geführt haben, dass Watte für die Ohren an die Passagiere verteilt werden musste. Letztlich blieb die DO X aber ein Prototyp, von dem insgesamt lediglich drei Stück gebaut wurden. Das Nachfolgeprojekt der DO X wurde nicht verwirklicht.

Die in Bonn gelandete DO X landete im Zweiten Weltkrieg in einem Museum in Berlin und wurde dort durch einen Bombenangriff beschädigt. Die Reste wurden größtenteils von Sammlern und Metallhändlern verwertet. Einige wenige Überreste finden sich noch im Deutschen Technikmuseum Berlin. 1932 war dies freilich noch nicht bekannt. Damals soll nach einem Pressebericht beim Landeplatz der DO X in Bonn drei Tage lang „ein Betrieb wie bei einer Kirmes“ geherrscht haben.

© Dornier Museum Friedrichshafen (Airbus Group)

Quellen:

- Der Rhein – eine europäische Flussbiografie, Hrsg. Bundeskunsthalle, Prestel
- Vellen: Bericht über Land und Leute des Kreises Bonn

- K. Gutzmer: Chronik der Stadt Bonn, Chronik Verlag Harenberg
- „Bonn im Spiegel der Jahrhunderte“. Eine Sammlung heimatkundlicher Zeitungsartikel, ausgewählt von Ernst Linderoth. Herausgeber: Bonner Heimat- und Geschichtsverein e. V., in Verbindung mit dem Stadtbezirk Bonn, Bonn 1992

Der historische Myriameterstein auf dem Kemper Werth in Geislar

von Margret Müller

Selbst unter alteingesessenen Beuelern werden wahrscheinlich nur wenige den historischen Myriameterstein in der Nähe der Nordbrücke kennen. Myria – was? Ein Myriameterstein ist ein Kilometerstein, dessen Name sich vom altgriechischen Wort myrias = 10.000 ableitet. Ein solcher findet sich rund 500 Meter nördlich der Nordbrücke (Friedrich-Ebert-Brücke) auf der Halbinsel Kemper Werth – von Öffentlichkeit und Spaziergängern nahezu unbeachtet. Hier, eingebettet in die einzigartige Auenlandschaft der Siegmündung, erinnert der besagte Myriameterstein an die Zeit, als der Rhein im 19. Jahrhundert vermessen wurde. Es war ja schon immer das Bestreben der Menschen, alles zu datieren, zu vermessen und zu kartieren. So also auch die Wasserstraßen. Schon die alten Römer haben dies getan.

Als der Rhein im 19. Jahrhundert vermessen wurde

Es war eine interessante Zeit: 1867 wurde von der „Central-Commission für die Rhein-Schifffahrt" beschlossen, am Rhein von Basel bis Rotterdam im Abstand von jeweils zehn Kilometern (= 10.000 Metern) Myriametersteine zu platzieren. Die Mitgliedsstaaten der Central-Commission stimmten zu: Baden, Bayern (für die Pfalz), Frankreich, Hessen, Nassau, die Niederlande und Preußen. Gesagt, getan – beziehungsweise beschlossen und ausgeführt! Die Myriametersteine waren alle genormt und aus Ibbenbürener Sandstein angefertigt. Zur Rheinseite hin waren sie durchgehend in römischen Ziffern numeriert. Darunter fand sich die Angabe zur Höhe über NN (Normalnull) – damals noch „AP" = Amsterdamer Pegel genannt. Von der Rheinseite abgewandt waren die Entfernungen bis nach Basel und Rotterdam vermerkt. Berg- und talseitig schließlich fanden sich zum Teil Angaben zur Entfernung der nächsten Staatsgrenze.

Längst werden die Myriametersteine nicht mehr benötigt und sind in der Öffentlichkeit in Vergessenheit geraten. Im Laufe der Zeit sind zahlreiche Myriametersteine entfernt worden. Sie wurden bei Bauarbeiten verwendet – oder verschwanden auf nicht geklärte Weise.

Eheleute Stefan und Birke Brühne und Serge Mpouma, Vorsitzender des Geislarer Bürgervereins

Nicht so jedoch der rechtsrheinische Myriameterstein Nummer 49 bzw. in römischen Ziffern „XLIX". Dieser ist auf dem Kemper Werth nahe der Siegmündung immer noch vorhanden: Wikipedia gibt die Positionierung bei Rheinkilometer 657,47 an. Dort findet sich der über 150 Jahre alte Myriameterstein – lange verborgen unter hohem Gestrüpp – neben einem etwa 140 Meter vom Rheinufer entfernten Weg. Die Schwarzrheindorfer Eheleute Birke und Stefan Brühne haben ihn im Sommer 2019 aus seinem Dornröschenschlaf wach geküsst, freigeschnitten, und den unbeschrifteten Stein damit wieder für jedermann sichtbar gemacht. Am Fuße des Steines erkennt man den gusseisernen Höhenbolzen, der im Zuge des Rheinstrom-Nivellements dort angebracht worden war. Der Bürgerverein Geislar schließlich hat ihn unter seine Obhut genommen und den Stein dankenswerterweise fachmännisch gereinigt. Wenn Sie also das nächste Mal über den Rheindamm in Richtung Siegmündung spazieren gehen, können Sie ihn wieder in seiner vollen Schönheit sehen – den Myriameterstein Nummer 49 der Rheinvermessung des 19. Jahrhunderts.

Weitere Myriametersteine in unserem Einzugsbereich, die heute noch erhalten sind, befinden sich in Bad Godesberg an der „Bastei", dem heutigen Von-Sandt-Ufer (Rheinkilometer 647,48), in Graurheindorf direkt am Uferweg/Leinpfad (659,23) und rechtsrheinisch in Niederdollendorf (647,47) an der Straße „Rheinufer", gegenüber dem „Weinhaus am Rhein". Die Beschriftung dieses Steins ist teilweise noch leserlich und gibt uns zum Beispiel auf der Landseite Auskunft, dass der Rhein bis Rotterdam, also der Nordsee, noch exakt 344,450 km zu fließen hat.

Das Auffinden der Myriametersteine kann sich wie eine Schatzsuche gestalten und auch lauffaule Kinder oder Ehemänner locken, eine ebenso spannende wie erlebnisreiche „Sonntagsnachmittagstour" mit den Rädern entlang unseres schönen Rheinufers zu unternehmen. Also, liebe Leser, geben Sie sich einen Stoß, pumpen Sie Ihre Räder auf und schon kann es losgehen.

Quelle: Wikipedia – Myriameterstein

Elly Ney – Abhärtung für ein langes Leben ...

von Dieter Noth

Die harte Stimme des Vaters klingt durch Tür und Wand: „Auf! Es ist Fünf! Der Tag beginnt!“ Als älteste Tochter hat sie wie selbstverständlich Pflichten für die Familie zu übernehmen. Das Regiment zu Hause ist streng. In Düsseldorf, wo sie geboren wurde, war der Vater Feldwebel gewesen. So ist auch der Ton zu Hause jetzt in Bonn. Der Umzug war auf Wunsch der Mutter geschehen, die die Kinder nicht in einer Kaserne aufwachsen sehen wollte. Der Vater hatte sich dem Wunsch gebeugt und eine Beamtenstelle in Bonn angenommen. Aber: Man bekommt einen Feldwebel aus einer Kaserne heraus, nicht aber die Kaserne aus einem Feldwebel.

Also: die Geschwister – so sie noch nicht von Vaters Stimme aufgeschreckt waren – wecken, anziehen, schnell einen Becher und einen Bissen als Frühstück, und dann hinunter zum Rhein. Denn es ist ein wichtiges Element der Erziehung, dass die Kinder sich körperlich ertüchtigen. Dazu gehören zum Beispiel morgendliche Wanderungen oder aber – wie heute – das Schwimmen im Rhein. Vor dem Schulgang! Wir wissen heute nicht mehr, ob es gefruchtet hat und die Kinder der Familie Ney gesundheitlich gestärkt worden sind. Von den sechs Kindern starben immerhin drei sehr früh.

Die älteste Tochter, Elly, überstand jedenfalls diesen Teil der Erziehung, und er schadete offenbar nicht ihrer künstlerischen Entwicklung. Unterstützt von der Mutter – sie war Musiklehrerin – besuchte sie bereits mit zehn Jahren das Konservatorium, studierte dann in Wien und war mit 22 Jahren eine gefragte Pianistin. Sie kehrte nach Bonn zurück, in die Stadt Beethovens. Elly Ney machte Karriere in der ganzen Welt, das Bonner Beethovenfest war bis zu ihrem Lebensende ohne sie nicht denkbar. Auch das Beethoven-Haus und die Beethoven-Halle verdanken ihr viel Renommee.

Nach 1945 ist sie (bis 1952) in ihrer musikalischen Heimat unerwünscht. Die Stadt Bonn sprach – ihrer Ehrenbürgerin! – ein Auftrittsverbot aus. Ihre Bewunderung für Hitler und die NS-Bewegung, ihre Verstrickung in Untaten der NS-Kulturpolitik machen diesen Schritt verständlich. Doch die Biographie weist auch kritische Anmerkungen im Jahr 1936 und den leisen Rückzug aus der NS-Kulturbürokratie im Jahr 1940 auf. 1956 nahm sie dann an der Grundsteinlegung der neuen Beethoven-Halle teil.

Die junge Schwimmerin im Rhein wurde 85 Jahre alt.

Vom Beueler Strandbad

„Die Beueler Seite ist nun einmal die Sonnenseite und genießt den Vorzug!“

von Sabine Harling

Am 22. Juni 1929 ist es endlich soweit: Das neue Beueler Strandbad gegenüber der Gronau wird nach gut einjähriger Bauzeit eröffnet und erfreut sich, als die Temperaturen Mitte Juli endlich ansteigen, eines gänzlich unerwarteten Ansturms von Badegästen. Nicht nur die Beueler Bevölkerung strömt herbei: Auch Bonner und Bonnerinnen lassen sich vom Anlegesteg in der ersten Fährgasse per Motorboot direkt zum Strandbad übersetzen und nutzen damit den „Vorzug“ der Beueler „Sonnenseite“, den die Deutsche Reichs-Zeitung am 26. Juni 1929 so überschwänglich preist.

Das neue Strandbad bietet einen Komfort, den die anderen Bäder der Region vermissen lassen. Es erstreckt sich 450 Meter lang am Flussufer, und statt Sand und Kiesel gibt es hier eine gepflegte Liegewiese auf einer sanft abfallenden Böschung zum Fluss hin. Hier können sich Sonnenhungrige an schönen Sommertagen bräunen lassen, damals wohl noch ohne Furcht vor Sonnenbrand und seinen Folgen. Eine Freitreppe führt hinauf zur großzügig angelegten Strandhalle mit Umkleidekabinen für Schulklassen, Vereine und alle übrigen Besucher und Besucherinnen. Tische, Stühle und Bänke auf einer Terrasse oberhalb der Liegewiese laden zum Verweilen ein.

Das Beueler Bad ist insofern ein Novum, als es sich um ein kommunales Gemeinschaftsbad handelt, das sowohl Frauen als auch Männern offensteht – keine Selbstverständlichkeit in jenen Jahren. Privat betriebene Strandbäder wie die in Rolandseck, in Rhöndorf und Oberkassel haben die Geschlechtertrennung schon längst aufgehoben, während sie in den überdachten Badeschiffen auf der Beueler und der Bonner Rheinseite traditionell nach wie vor besteht. Die Gemeindeväter in Beuel wollten sich bei der Planung „ihres“ Freibads dem modernen Trend indes nicht widersetzen: Männer und Frauen können jetzt endlich gemeinsam dem Badevergnügen frönen! Den

Gegnern eines solchen Gemeinschaftsbads wird allerdings ein Zugeständnis gemacht, wie die Deutsche Reichs-Zeitung am 22. Juni anlässlich der Eröffnung berichtet: „Für Damen und Herren, die das Bedürfnis haben, nicht im Familienbad zu baden, sind besondere, durch Weiden getrennte Abteilungen eingerichtet worden."

Die Gemeindeverordneten haben jedoch nicht mit dem Sturm der Entrüstung von Seiten der katholischen Kirche gerechnet, die im gemeinsamen Baden eine sittliche Gefährdung sieht. Bereits am 23. Juli 1929 versammelt sich in Heisterbach „die gesamte katholische Geistlichkeit aller Pfarreien von Erpel bis Beuel" (DRZ vom 27.7.1929) und vertritt die einhellige Meinung: „Der Sinn des Strandbades kann nur der sein, den Besuchern körperliche Erholung und Erfrischung in Wasser, Licht, Luft und Sonne zu gewähren. Hierzu ist das gemeinsame Baden der Geschlechter in keiner Weise notwendig." Denn eben dieses sei „von größter sittlicher Gefahr" in einer Zeit, „in der Sittenlosigkeit und Nacktkultur mehr und mehr um sich greifen". Die in Heisterbach versammelte Geistlichkeit kann sich bei diesem Urteil auf die „Katholischen Leitsätze und Weisungen sämtlicher Bischöfe Deutschlands" aus dem Jahr 1925 berufen, in der die strikte Geschlechtertrennung in Schwimmbädern gefordert wird.

Diesem Druck kann sich die Beueler Zentrumspartei nicht entziehen, und so stellt ihre Fraktion im Gemeinderat nur zwei Tage nach dem Heisterbacher Treffen in der Ratssitzung den Antrag, das gemeinschaftliche Baden im neuen Strandbad zu verbieten. Und ist sogleich erfolgreich: Mit 18 gegen neun Stimmen beschließt der Rat am 29. Juli, ab sofort die vollständige Geschlechtertrennung – zunächst provisorisch mit Hilfe einer Barriere aus Leinwand – einzuleiten.

Womit die Zentrumspartei nicht gerechnet hat, ist die Reaktion der Besucherinnen und Besucher des Strandbades: Trotz anhaltend gutem Wetter gehen die Zahlen mit dem Bekanntwerden des Beschlusses so schlagartig zurück, wie sie kurz zuvor noch gestiegen waren. An einem Tag werden nur noch acht Gäste gezählt! Der Fährverkehr wird komplett eingestellt. Die Einnahmen im Monat August sinken unter 600 Mark: angesichts der Baukosten von 82.877 Mark und

97 Pfennig – dreimal so hoch wie geplant – ein finanzielles Desaster! Bürgermeister Dr. Schöttler zeigt sich auf der Ratssitzung am 4. September 1929 entsetzt, macht die Einführung der Geschlechtertrennung für die Entwicklung verantwortlich und plädiert für eine Zurücknahme des Beschlusses.

Die Mehrheit der Zentrumsverordneten lässt sich indes nicht umstimmen. Die Herren betonen auf der Ratssitzung, dass der Beschluss in „kultureller Beziehung" notwendig gewesen sei, sehen sich gleichsam als „Schrittmacher" in Sachen Moral und wollen sogar auf die Verantwortlichen in anderen Strandbädern einwirken, dass allgemein das Gemeinschaftsbaden verboten werde. Daraufhin verlassen die Mitglieder der sozialdemokratischen und der kommunistischen Fraktion sowie die Vertreter der kommunalen Arbeitsgemeinschaft und der Wirtschaftlichen Vereinigung geschlossen und unter Protest den Sitzungssaal. Bürgermeister Dr. Schöttler bleibt nichts anderes übrig, als die Beschlussunfähigkeit festzustellen und die Sitzung auf den folgenden Abend zu vertagen. Da aber wiederholt sich die Situation: „Da das Zentrum seinen Standpunkt nicht aufgab, verließen die übrigen Gemeinderatsmitglieder bis auf ein Mitglied der Wirtschaftlichen Vereinigung den Saal. Bürgermeister Dr. Schöttler stellt die Beschlußunfähigkeit fest und schließt die Sitzung." (GA vom 6.9.1929)

So bleibt das Strandbad ein „getrenntes Damen-, Herren- und Familienbad", wie es das Amt Beuel offiziell annonciert. Die Diskussion über die Strandbadfrage erhitzt jedoch weiterhin die Gemüter und dauert den ganzen Monat September an. Die Rheinische Zeitung, Hauptorgan der Sozialdemokratischen Partei für die „Obere Rheinprovinz", bezeichnet in ihrer Ausgabe vom 6. September die Gemeinderatsentscheidung als einen „weltfremden Beschluß" und wirft der Zentrumspartei „verlogene bürgerliche Moral" vor. Pfarrer Zingsheim aus Beuel, ein entschiedener Befürworter der Geschlechtertrennung, weiß für seine Position die vereinigten Verbände der katholischen Jugend von Bonn und Umgebung hinter sich: Deren Mitglieder begrüßen in einer Erklärung, die die Deutsche Reichs-Zeitung am 16. September veröffentlicht, „die Aufrollung der Beueler Strandbadfrage, weil wir hoffen, daß dadurch auch die anderen rheinischen Gemeinden bewogen werden, die Verhältnisse in ihren Strandbädern einer neuen Überprüfung zu unterziehen und sie, wenn nötig, zu ändern". Sie beklagen „die ganz auf die Überbetonung des Körperlichen und die Pflege des Sinnlichen eingestellte Asphaltkultur unserer Großstädte" und sagen dem Liberalismus den Kampf an, „der durch seine verderblichen Auswirkungen auf alle Lebensbereiche die letzte Ursache unseres geistigen Zusammenbruchs ist". Erst das Ende der Badesaison beschließt die Diskussion, an der sich laut Meldung der Deutschen Reichs-Zeitung vom 21. September auch „Tageblätter aus den entferntesten Ortschaften" beteiligt haben.

Im Frühjahr 1930 steht die Strandbadfrage erneut auf der Agenda des Gemeinderates, der sich nach den Wahlen vom 17.11.1929 nun anders zusammensetzt. Zwar beharren Zentrumsverordnete in der Aussprache auf ihrer Position, aber das Ergebnis der geheimen Abstimmung gibt den Befürwortern eines Gemeinschaftsbads Recht: Am 13. März 1930 wird der Beschluss des Gemeinderates vom 25. Juli 1929 bezüglich der Geschlechtertrennung aufgehoben. Letztendlich sind es wohl die wirtschaftlichen Argumente gewesen, die selbst fromme Zentrumsverordnete zumindest zur Stimmenthaltung veranlasst haben.

Sittenstrenge Besucher und Besucherinnen können sich aber weiterhin in abgetrennten Abteilungen vergnügen, und züchtige Badekleidung ist ohnehin Pflicht: Ein Anschlag weist darauf hin, dass das Tragen von „Dreieckshosen" für Männer verboten ist; die Badehose muss die männlichen Oberschenkel zumindest teilweise bedecken. Selbstverständlich gilt das erst recht für die einteiligen Badeanzüge der Frauen.

Am 18. Oktober 1944 zerstört der verheerende Bombenangriff auch das Beueler Strandbad. Nach Kriegsende wird die Strandhalle wieder aufgebaut, und weit in die 1950er Jahre hinein können die Wasserfreunde hier im Rhein schwimmen, bis die Verschmutzung des Flusses diesem Vergnügen ein Ende setzt.

(Der Text ist eine gekürzte Fassung des Beitrags „Das Beueler Strandbad – Sittenlosigkeit und Nacktkultur" im historischen Lesebuch „Die Beueler Seite ist nun einmal die Sonnenseite ...", hrsg. von der Bonner Geschichtswerkstatt, Bonn 1996.)

Tragödie am Schiffsanleger in Bonn

von Ulrike Engels

Im Deutschland des Jahres 1933 war an die Stelle der Gewerkschaften und Arbeitgeberverbände mit der „Deutsche Arbeitsfront" (DAF) eine nationalsozialistische „Organisation der schaffenden deutschen Stirn und der Faust" getreten, zu deren Hauptaufgaben die Erhöhung der Arbeitsfreude und damit der Produktivität zählte. Eine ihrer Organisationen war die „Kraft durch Freude" (KdF), eine Freizeitorganisation, die u. a. Landurlaube in Deutschland und Tagesfahrten für Arbeitnehmer organisierte.

In Troisdorf wurde von der KdF für die deutschen Mitarbeiter der Dynamit Nobel AG für den 7. September 1941 ein Tagesausflug mit einem Rheindampfer von Bonn nach Boppard organisiert. Rund 800 Menschen machten sich am frühen Morgen dieses Tages mit zwei Sonderzügen der Straßenbahn auf den Weg nach Bonn, um zur Anlegestelle ihres Ausflugsdampfers an der Theaterstraße zu gelangen.

An der Anlegerstelle warteten bereits der Ausflugsdampfer „GLÜCK AUF" der Firma Gebrüder Luwen aus Duisburg-Ruhrort am Verladesteg der Bonner Firma Halm & Richrath und der Kapitän auf seine Gäste. Der Kapitän, vorne auf der Landungsbrücke stehend, ließ dann die ersten 25 bis 30 Menschen zum Schiff gehen. Als diese das Schiff erreicht hatten, ließ er in der gleichen Weise eine zweite Gruppe und dann eine dritte vorbei.

Ungeachtet eines Schildes am Anfang der Landebrücke, das darauf hinwies, dass höchstens einhundert Personen gleichzeitig die Brücke betreten dürften, drängte plötzlich die Menge der Wartenden gegen den Kapitän an, drückte ihn zu Seite und strömte an ihm vorbei zum Schiff hin. Im Nu war die Landungsbrücke mit Menschen gefüllt.

Die Brücke hätte sicherlich auch zweihundert Personen tragen können, doch es waren schätzungsweise wenigstens dreihundert Personen auf ihr, als die überlastete Brücke mit einem eigentümlichen Geräusch langsam einzuknicken und sich ganz allmählich nach unten zu senken begann, und die meisten Menschen – die Zahlen schwanken zwischen einhundertfünfzig und zweihundert Personen – in den Rhein stürzten.

Schlimm war es kurze Zeit für diejenigen, die am Anfang der Landungsbrücke standen. Sie sahen genau, welche Gefahren drohten, wollten stehen bleiben, wurden dann aber von Leuten, die hinten ahnungslos schubsten und drängelten, in die Tiefe gedrückt.

Es begann ein Kampf ums Überleben. Wer gut schwimmen konnte, versuchte möglichst schnell aus der Menschentraube herauszukommen und das rettende Ufer zu erreichen. Andere versuchten in ihrer Not, sich irgendwo festzuhalten, an der Brückenkonstruktion, Schiffstauen oder bei anderen Menschen. Es war furchtbar, und die Schreie der Ertrinkenden waren bis Beuel zu hören.

Das Gedränge war nun schlagartig beendet, und die Menschen, die ihren ersten Schreck überwunden hatten, begannen Rettungs- und Hilfsmaßnahmen zu ergreifen. Die normalen Rettungsmittel wie die Rettungsringe des Dampfers gingen schnell aus. Männer, die schon auf dem Schiff standen, ließen das am Dampfer befestigte Rettungsboot zu Wasser und konnten Menschen, die an Ketten und Seilen hingen, nach und nach an Land bringen. Anwohner brachten, was sie an Brettern und Bohlen finden konnten, herbei und unterstützten die Rettungsmaßnahmen.

Es wird berichtet, dass ganz am Anfang zwei Soldaten, die zufällig vorbeikamen, voll guten Willens ins Wasser sprangen und dann selber ertrunken sind. Weitere Rettungsschwimmer und herbeieilende Soldaten setzten bei ihren Bemühungen, Ertrinkende zu retten, ihr Leben aufs Spiel. Zwei französische Kriegsgefangene, die in der Nähe arbeiteten, sollen ebenfalls mit ins Wasser gesprungen sein. Beide sollen als Dank aus der Kriegsgefangenschaft entlassen worden sein.

Kurze Zeit später waren auch die Polizei, das Rote Kreuz und Ärzte der nahen Uni-Kliniken am Unglücksort eingetroffen und versuchten zu retten, was zu retten war.

Kein Retter war erfolgreicher als Hans Wilhelmy aus Bonn. Der Angehörige der Marine war auf Heimaturlaub und half an diesem Morgen, etwas stromab Holz zu verladen. Während seine Kameraden Holzbretter ins Wasser warfen, begann er mit einem Arbeitskameraden Menschen zu retten. Diese beiden sollen über 30 Personen an Land gebracht haben. Hans Wilhelmy, der sich dabei besonders auszeichnete, war bei der Marine bestens darauf vorbereitet worden, auch unter erschwerten Bedingungen ruhig und überlegt als Retter zu wirken. Beim Anerkennungsverfahren zur Verleihung der staatlichen Rettungsmedaille wurde die Rettung von mindestens 19 Personen amtlich anerkannt. Allgemein bezeugt wurde auch, dass ein Kinderwagen mit einem Säugling darin von der Strömung weggetragen wurde; Kind und Wagen konnten gerettet und geborgen werden.

Wie schwierig die Rettung war, kann man daran erkennen, dass der „Kuhle Hannes“, wie er allgemein nur genannt wurde, anschließend für sechs Wochen ins Krankenhaus musste wegen der vielen Kratz- und Bisswunden, der er sich am ganzen Körper bei der Rettung Ertrinkender zugezogen hatte.

Am Montag danach werden in den Zeitungen 9 Todesopfer gemeldet. In dem Bericht über den Prozess zur Klärung der Schuldfrage ist von 27 Toten und über 40 Verletzten die Rede. Ein Zeitungsbericht aus dem Jahr 1975 versichert, es habe 65 Todesopfer gegeben von Teilnehmern des Tagesausfluges sowie Rettern, die hinterher gesprungen und ertrunken waren.

Hans Wilhelmy ist 1971 selbst Opfer eines Verkehrsunfalls geworden. Sein Grab befindet sich auf dem Nordfriedhof.

Der Jupp, der Benno und der Rhein

von Karin Büchel

Endlich war er da, der Tag, den man durchaus als Glückstag bezeichnen konnte. Jupp stand am Bahnhof in Euskirchen und kaufte sich ein belegtes Brötchen, als er auf die Tageszeitung im Zeitungsständer blickte. „*Beherzter Spaziergänger rettet Frau aus dem Rhein!*“ Es war nicht zu fassen! Denn der beherzte Spaziergänger war kein anderer als Benno Bodenstein. Sein Kumpel von früher! Jupp erkannte ihn sofort auf dem Foto.

Er schmiss einen 5-Euro-Schein auf die Geldschale. „Ich nehme noch diese Zeitung hier“, hielt sie in seinen Händen, biss in sein belegtes Brötchen und verließ das Bahnhofsgebäude. „Ist es denn möglich ...“, murmelte er mit vollem Mund, stolperte und fiel mit seinem ganzen Krempel auf den Bürgersteig. „Mist!“ Schimpfend stand er auf, ließ das Brötchen und die Zeitung in der Gosse liegen und rannte in Richtung Parkplatz, wo er sich auf einen Mauervorsprung hockte und erst einmal tief durchatmete. Sein Kumpel Benno wohnte also in Beuel, dem Ort, an dem sie vor Jahren gemeinsam den Juwelier überfallen hatten. Und nun prangte sein Konterfei auf der Titelseite der Tageszeitung.

Jupp schlug sich vor Freude auf die Schenkel, fing an nachzudenken und sprang dann wie von der Tarantel gestochen auf. Er lief über die schmale Straße direkt zu seinem Wagen, den er auf einem Wanderparkplatz in der Nähe von Brodenbach einer älteren Dame entwendet hatte, riss die Tür auf, sprang hinein und knallte die Fahrertür schwungvoll zu. Jupp fasste sich mit beiden Händen an die heftig pochenden Schläfen. Er war seinem Ziel so nahe. So unheimlich nahe, dass es ihm schwindelig wurde. Hastig griff er zu seiner Pillendose, die er immer in der Jackentasche hatte, und warf sich eine rosa Pille gegen Bluthochdruck in den Mund, schluckte kräftig, schüttelte sich einmal kurz und startete den Wagen. In Mayen stoppte er an einem Reisebüro und fragte nach der kürzesten Route. „Beuel, ich komme!“, brüllte er gefühlte zwanzig Mal durch das Wageninnere.

„Beuel. – Beuel ...!“ In Jupps Gedächtnis hatte sich dieser Name eingebrannt wie ein Brandzeichen. Schließlich fing dort sein Leidensweg an. Was für ein Leben ... Jahrelang in der Justizvollzugsanstalt, in Gedanken tausendmal Benno auf diverse Art und Weise getötet. Mal mit einem Brotmesser im Dunkel der Nacht. Von hinten. Mal vor einen LKW gestoßen. Am hellichten Tag. Und ein anderes Mal mit einer Wäscheleine erdrosselt. Ganz, ganz langsam hatte er zugezogen. Aber nie hatte er auch nur den Zipfel einer Vermutung, wo dieser wohl leben könnte. Und nun? – Beuel!

Die Fahrt nach Beuel verlief ohne Probleme. In Kürze würde er sein Ziel erreicht haben, und dann musste er nur noch sehen, wo Benno sich versteckt hielt. So wie er ihn in Erinnerung hatte, müsste er in einer anonymen Wohnung in unmittelbarer Nähe zum Rhein wohnen. Die Fenster mit blickdichten, schweren Gardinen behängt, so dass man ihn auch ja nicht beobachten konnte. Benno liebte das Geheimnisvolle sowie den kleinen Kick zu kriminellen Plänen. So wie damals, als sie gemeinsam den Juwelier im Beueler Zentrum überfallen hatten. Er und Benno. Ein perfektes Team.

Er war derjenige, der alles ausspioniert hatte. Wochenlang. Die Geschäftsräume detailliert kannte, sowie die rothaarige fesche Verkäuferin, mit der er ein Tête-à-Tête hatte. Benno trat gar nicht in Erscheinung. Erst als sie, wie abgesprochen, mit dem alten Opel in die Schaufensterscheibe rasten. Auf der Friedrich-Breuer-Straße konnten sie Geschwindigkeit aufnehmen, und dann ging alles blitzschnell. Bibbi, die Verkäuferin, bekam einen Nervenzusammenbruch und konnte gar nicht aufhören zu kreischen. Der Juwelier wurde von Benno mit einem Sauzahn, den er als Waffe in der Hand hatte, niedergeschlagen, und er, Jupp, leerte in Windeseile die Vitrinen und Auslagen im Fenster.

Dabei passierte es. An einer Scherbe des zerborstenen Fensters riss er sich seinen Unterarm auf. Das Blut spritzte wie ein Geysir aus der klaffenden Wunde. Benno sah das Dilemma, riss ihm die Beute aus den Händen, gab dem Juwelier noch einen weiteren Schlag mit dem Sauzahn, da dieser Anstalten machte, den Alarmknopf zu drücken, und rannte dann aus dem Geschäft. Mit der Beute. – Und weg war er. Jupp, der bereits vom enormen Blutverlust schwächelte, versuchte noch, ihm nach zu spurten, stolperte, stürzte und fiel in die vielen kleinen Scherben. Dann war Stille. Für einen Moment jedenfalls.

Die alarmierten Polizeibeamten fanden ein Chaos vor. Einen mit einem Sauzahn erschlagenen Juwelier, eine hysterische Verkäuferin, die sich unter einen Stuhl verkrochen hatte, und einen aus dem Gefecht gesetzten Jupp Meier.

Jupp wurde notdürftig verarztet, kam ins St. Josef Krankenhaus, und wurde von dort direkt in die Justizvollzugsanstalt nach Rheinbach verlegt. Entkommen unmöglich. In den darauf folgenden Monaten wurde er zu fünfeinhalb Jahren Haft verurteilt. Er leugnete, den Juwelier erschlagen zu haben, verriet den Namen seines Kumpels und wurde wegen guter Führung nach vier Jahren, zwei Monaten und drei Tagen entlassen.

Benno hingegen wurde nie gefasst.

Das wusste Jupp, da er im Gefängnis die lokale Presse verfolgt hatte. – Verdammt! Wo war Benno? Aber Jupp war nicht auf den Kopf gefallen. Kaum war er entlassen, nahm er Kontakt zu seinem Bruder Heini auf, der wiederum recherchierte im Internet nach Benno Bodenstein, doch dieser schien spurlos verschwunden zu sein. Wie vom Erdboden verschluckt. Untergetaucht, wie Jupp zu Recht vermutete. Die nächsten Jahre arbeitete Jupp als Hilfskraft in einer Zuckerfabrik, für zwei Jahre in einer Kneipe und bis vor kurzem auf einem landwirtschaftlichen Betrieb in der Nähe von Bitburg. Immer auf der Suche nach Benno.

Jupps Blick fiel auf die Tanknadel. Mist! Weit würde er nicht mehr kommen. Schon holperte es, und dann tat sich mehr nichts mehr. Das kleine verschmutzte Ortsschild mit der Aufschrift „Beuel“ am Wegesrand, versteckt hinter tiefhängenden Zweigen kurz vor Schwarzrheindorf, ließ seine schlechte Laune blitzartig verschwinden.

„Auf geht's! Benno! Ich komme!“ Er redete sich Mut zu, steckte sich eine selbstgedrehte Fluppe an und marschierte los. Den Wagen ließ er achtlos am Straßenrand stehen. Raschen Schrittes lief er an der Doppelkirche vorbei, überquerte den Damm und marschierte am

Rheinufer entlang Richtung Beuel. In der Ferne erblickte er die Turmspitze von St. Josef, sah den Vater Rhein neben sich, die Möwen über sich und Bennos Visage vor seinem inneren Auge.

Er trabte unterhalb der Kennedybrücke entlang und wollte gerade links auf die Friedrich-Breuer-Straße abbiegen, als er von lautem Gekreische aus seinen Gedanken gerissen wurde. Im Nu liefen ganze Menschenscharen, wo auch immer sie gerade herkamen, in Richtung Wasserkante. Hysterische Hilfeschreie aus dem Rhein drangen an seine Ohren. „ Hilfee! Mein Bein! Mein Bein ... hängt fest." Er erspähte in den Fluten des Vater Rheins wild rudernde Arme, eine Person, die um ihr Leben zu ringen schien. Rasch schob er sich durch die verzweifelt schreienden Menschen, die am Ufer standen und nicht wussten, was sie tun sollten. Neben ihm kreischte eine Person: „Er hängt fest! Er ertrinkt in den Fluten." Eine weitere brüllte ihm ins Ohr: „Er kann sich nicht befreien. Jetzt geht er unter. Mein Gott!" Ein altes Mütterchen hatte ihre Hände gefaltet und betete zum Heiligen Nepomuk.

Ohne zu überlegen sprang Jupp aus seinen Schuhen, holte noch einmal tief Luft und wollte sich gerade in die Fluten stürzen, als der Kopf erneut schreiend aus dem Wasser auftauchte und, – *glaubt man es nun oder nicht, aber es ist wahr, so wahr diese Worte hier stehen* – ... Jupp seinen Kumpel Benno erkannte. Seine Stimme drang an seine Ohren. „Mein Bein. Ich komme nicht los. Hilfeee!! – Hilfe!"

Das Bild von Benno mit dem Sauzahn in der Hand tauchte vor seinen Augen auf, so wie die vielen einsamen Nächte, die er in der Strafvollzugsanstalt verbracht hatte. Nächte voller Einsamkeit und Wut. Und dem Wunsch, Benno irgendwann alles heimzuzahlen. Nun war er da, dieser Augenblick. Diese Sekunde, auf die er so sehnlichst gewartet hatte.

Jupp blieb abrupt am Rheinufer stehen, schaute in die verzweifelten, weit aufgerissenen Augen von Benno, in sein verzerrtes Gesicht, in seinen Mund, der ständig Wasser spie und grinste ihn kopfschüttelnd an. „Rien ne va plus. Nichts geht mehr!" Er wendete sich ab, sprang in seine Schuhe und schlurfte gemächlich in Richtung Schmitze Bötchen weiter.

Am nächsten Tag war in der Zeitung zu lesen: „*Benno B. aus Beuel, der seine Tage am liebsten am Rheinufer sitzend mit eine Flasche Bier in der Hand verbracht hat, stürzte angetrunken von seinem wackeligen Campingstuhl und fiel in den Rhein. Dort fand er seine letzte Ruhe.*“

Flöße, Kähne, Schwimmanstalten Der Mondorf-Bergheimer Hafen in früheren Zeiten

von Claudia Knöfel

Holz für Holland – Die Entstehung der Flößerei

Sie waren wahre Ungetüme, und sie bedurften der Ankündigung, sollte niemand zu Schaden kommen, der ihren Weg rheinabwärts kreuzte: „*Auf dem Strom kommt ein Schiffer stromab im Nachen, auf dem eine schwarzrote Fahne weht: Der Wahrschauer! Er ist einem großen Floß, das aus Baumstämmen aus dem Main- und Neckargebiet zusammengestellt wurde und sich auf Fahrt befindet, einige Stunden als Warnung vorausgeschickt. Bald wird man durch lautes Schreien und Kommandorufe auf die Ankunft des Floßes aufmerksam, das bei Mondorf, einem guten Ankerplatz, noch vor Dunkelheit zur Landung gebracht werden soll. Auf vier bis fünf Meter hoch auf dem Floß aufgebauten Steuerstühlen stehen der Floßmeister und der Steuermann und geben ihre Kommandos. Vorn und hinten am Floß sind große Steuer, Lappen genannt, angebracht, die von je zehn Mann bedient werden und womit das Floß gesteuert wird. Jetzt werden vier bis sechs schwere Anker ausgefahren und endlich steht das Floß; ein schwieriges Stück Arbeit ist getan. Ein solches Floß war etwa 100 bis 150 Meter lang, 25 Meter breit und hatte 100 Mann Besatzung ...*“[1]

So erinnerte sich im Jahre 1938 der Autor Michael Richarz an eine Floßfahrt, die ihr vorläufiges Ende am Mondorfer Landeplatz fand. Dabei waren die oben genannten Ausmaße des Floßes vergleichsweise bescheiden.

Nach dem Dreißigjährigen Krieg (1618-1648) entwickelte sich Holland immer mehr zur See- und Handelsmacht. An was es allerdings dort mangelte, das war Holz. Holz, das man dringend für den Bau von Schiffen, Mühlen und Häusern benötigte. Also importierte man

[1] Sanke, Hermann: Mondorf im Licht der Geschichte, S. 157

den Rohstoff aus den südlich gelegenen waldreichen Gebieten Deutschlands, kurz gesagt, über Bäche und kleine Flüsse bis hin zum Rhein und von dort nach Dordrecht in Holland, wo das Floß samt Ladung restlos verkauft wurde, und zwar mit hohen Gewinnen: Ein Viertel des Kapitaleinsatzes konnte die Floßgesellschaft durchaus als Zuwachs verbuchen, wenn das Gefährt ohne Unfall seinen Bestimmungsort erreichte und ein guter Erlös auf dem Holzmarkt erzielt werden konnte.

Nun war es mitnichten so, dass man von vorneherein, z.B. im Schwarzwald, eine derart, wie oben beschrieben, große „Platte" aus Holzstämmen zusammenband, um sie den Flusslauf hinab zur Mündung zu schicken. Man baute die Flöße in „Gestören". Das waren oft nur wenige Stämme, die man zusammenband. Diese einzelnen „Bündel" wurden dann längs miteinander verknüpft. Damit waren die Gestöre beweglich und konnten so auch mäanderartigen Windungen der kleineren Flüsse gut folgen. Wenn sie dann den Rhein erreichten, wurden diese bis zu 600 Meter langen hölzernen Wasserfahrzeuge wieder auseinandergenommen und zu größeren Flößen umgebunden. Häfen für Flöße gab es in der Regel dort, wo sich die Mündungen von Nebenflüssen befanden, z.B. in Mannheim (Murg, Neckar), Wiesbaden-Schierstein (Main, Rhein) und Mondorf (Sieg). Diese Anlegeplätze waren auch Handelsplätze für Holz.

Ab Koblenz baute man dann die einzelnen Gestöre zu riesigen Flößen um, denn bis dorthin war der Rhein an einigen Stellen tückisch und seine Strömung unberechenbar. Hier wurde das Fahrwasser etwas ruhiger und der Strom breiter. In Koblenz-Neuendorf und in Namedy fügte man daher die Holzteile zu dem zusammen, was sie als „Holländer-Flöße" berühmt machte: Ausmaße von 60 Meter in der Breite und 300 Meter in der Länge waren keine Seltenheit, die Böden bestanden aus bis zu fünf Lagen aufeinander gebundener Baumstämme. Doch auch Eisen wurde für den Bau der großen Wasserfahrzeuge benötigt: In Andernach gab es Schmieden, die eigens überdimensionale Nägel produzierten.

Auch vom oberen Lauf der Sieg kamen Flöße mit ihrer Ladung aus Holz die Mündung herab. In Windeck und Meindorf hatten sich sogar Zünfte für Flößer und Schiffer gebildet. In einem Heimat-Jahrbuch des Westerwald-Kreises Altenkirchen erwähnt der Autor Thomas A. Bartolosch eine Quelle, wonach im Jahre 1666 rund 4 Prozent aller Dattenfelder Männer mit der Flößerei beschäftigt gewesen seien. Er zitiert: „*Hatzfeld(i)sche Forsten lieferten Eichenstämme für die Segelschiff-Masten nach Holland.*“ [2] Mit dem Floß transportiert wurde auch die Holzkohle aus den Revieren der oberen Sieg, und das, obwohl der Verkauf des teuren Brennmaterials ins „Ausland“ damals eigentlich offiziell nicht gestattet war.

Die Riesenflöße des 17., 18. und beginnenden 19. Jahrhunderts waren so etwas wie kleine Städte. Hier lebten und arbeiteten der Floßherr und bis zu 500 Menschen: Steuermänner, Ruder- und Ankerknechte, aber auch Köche, Metzger, Zimmerleute und Bürobedienstete.

Hier eine anschauliche Beschreibung aus dem Jahre 1805, verfasst vom Handwerksburschen auf der Walz, Chr. W. Bechstedt aus Langensalza: *„Einige dreißig Bretterhäuser standen auf der Flöße und bildeten eine Gasse. Verschiedene davon dienten als Bureaus oder Kontors; durch die Fenster sah man drinnen noble Herren und Damen sitzen. Bei anderen verhüllten dichte Vorhänge die Fenster; das waren die Schlafzimmer. Die vielen, sehr niedrigen Kajüten der Ruderknechte hatten keine Fenster. Eine Herde Ochsen stand in mit Leinen überhängten Baracken. Mehrere hundert Fässer, wohl Bier, waren festgelegt. Am Steuermannsturm saßen die Musikanten und spielten jetzt wieder auf ... Es war mir, als sei ich in ein großes Dorf geraten, wo eben Kirmes ist; man konnte an einen Tisch treten und würfeln; man konnte in eine Bude treten und einkaufen; in einer großen Kneipe sah man weit hinten das Feuer auf dem Kochherde; an langen Tafeln saßen schon viele Leute ...* [3]

---

[2] Bartolosch, Th. A.: Pläne zur Schiffbarmachung der Sieg um 1800 – Jüngste Quellenfunde zur Regionalgeschichte des Siegerlandes. In: Heimat-Jahrbuch des Kreises Altenkirchen und der angrenzenden Gemeinden, 56. Jhrg. 2013, S. 201

[3] Der junge Bäcker Christian Wilhelm Bechstedt aus dem thüringischen Langensalza legte in seiner Zeit der Wanderschaft rund 5000 km zurück, das meiste davon zu Fuß. Über seine Erlebnisse schrieb er ein Buch: „Meine Handwerksburschenzeit 1805-1810“. Nachzulesen in: Scheuren, Elmar: „Zeitgenossen berichten“, erschienen in: „Flößerei auf dem Rhein“, S. 41.

Die Flößer – harte Arbeit und viel Brot

Die Arbeit der Flößer war beschwerlich und auch gefährlich. Wer von der Besatzung in den reißenden Strom fiel, der hatte kaum eine Chance zu überleben. Ein Unfall mit vergleichsweise glimpflichem Ausgang ereignete sich am Abend des 30. April 1823 vor Mondorf, als ein Landemanöver misslang, weil die Anker sich nicht in den Boden gruben. Eilends wurden Reiter gen Norden geschickt, um die Stadt Köln zu warnen; denn so ein großes Floß war in der Strömung unglaublich schnell, kaum zu kontrollieren und riss alles mit, was ihm in die Quere kam. Die Verantwortlichen in der Domstadt reagierten flott: Sie öffneten die Pontonbrücke, und das Floß raste hindurch, um endlich in den frühen Morgenstunden vor Merkenich zu stoppen.

Waren die Arbeitsbedingungen nach heutigen Maßstäben alles andere als optimal und die Bezahlung kläglich, so mangelte es doch nicht an Essen und Trinken, denn die Besatzung musste bei Laune gehalten werden.

Peter Josef Fuchs, Bürgermeister von Köln im Jahre 1798, dessen Vater Floßherr gewesen war, berichtet in seinen „Erinnerungen eines Kölner Juristen“: *„Zeichnete sich ab, dass ein Floß bald in Richtung Niederlande abfahren könnte, wurden die letzten Vorbereitungen getroffen: Der Bäcker zu Linz wurde aufgefordert, für die ganze Reise das Brot in die Magazine des Floßes einzuliefern, dem Bierbrauer in Köln wurde die Zahl der Biertonnen gemeldet, die er voll in Bereitschaft zu halten hatte, um im Vorbeifahren an hiesiger Stadt diesen Vorrat aufs Floß zu liefern. Das Schlachtvieh wurde aufgekauft, dürre Gemüse als Erbsen, Linsen und Bohnen angeschafft ... Dann endlich wurden die Viktualien für die Floßherren aus Linz besorgt, als Kaffee, Zucker, Tee, roter, weißer und fremder Wein und einige Fässer holländischer Butter, Lichter, einige Fäßchen Hering, frisch Gemüs, Citronen, einmarinierte Fische, geräuchtes Fleisch, alle Sorten feines Gewürz, Anchoven, Kapern, Schreibmaterialien und Bettwerk.“* [4] Oder in Zahlen ausgedrückt: Die Verantwortlichen orderten

[4] Keweloh, Hans Walter: „Riesen auf dem Rhein“, erschienen in: „Flößerei auf dem Rhein“, Hrsg. Siebengebirgsmuseum Königsdwinter, S. 9

für eine Fahrt von Andernach nach Dordrecht 40.000 Pfund Brot, bis zu 20.000 Pfund Fleisch, zumeist als Großvieh, und einen stattlichen Vorrat von bis zu 96.000 Litern Bier. [5]

Johann Adolf Lasinsky:
„Koblenz-Ehrenbreitstein" (1828) – Ausschnitt
© LandesMuseum Bonn

Die allermeisten Mitglieder der Floßmannschaft wurden vom Floßherrn am Zielort ausgemustert; einige von ihnen wagten den beschwerlichen Weg zurück in die Heimat, zu Fuß, wo sie dann erneut

[5] ebd.

anheuerten. Diese umherziehenden Flößer waren nicht überall gern gesehen, vor allem, wenn sie zu reichlich dem Branntwein zugesprochen hatten, wie eine Verordnung des Kölner Erzstiftes aus dem Jahre 1753 Aufschluss gibt: „*Die das rheinische Erzstift als RheinFlözer durchziehenden Individuen sollen als Vagabunden behandelt werden ...*“ [6] Manche der Besatzungsmitglieder setzten allerdings auch ihre Arbeitskraft ein, um auf den riesigen Wasserfahrzeugen kostenlos nach Holland zu gelangen. Von dort wanderten sie dann nach Übersee aus.

Kupferstich „Blick auf das Siebengebirge“
J.G. Sturm nach Charles Dupuis
Quelle: Denkmal- und Geschichtsverein Bonn Rechtsrheinisch e.V.

Recht *commode* reisten dagegen der Floßherr und seine Begleiter zurück: Auf der mitgeführten Yacht waren zwar auch die Taue und Anker verstaut, die bei der nächsten Reise mit einem Floß wieder zum Einsatz kommen sollten, vor allen Dingen aber bot das feudale Schiff für die feine Gesellschaft eine passende Unterkunft.

---

[6] ebd.

Im 17. Jahrhundert war die Sieg, die zwischen Bergheim und Mondorf auf den Rhein trifft, an ihrem Mündungslauf zu Land geworden. Der kleine Fluss war seit jeher unberechenbar gewesen. Die vielen Überschwemmungen hatten dazu geführt, dass es immer neue Mündungsarme, aber auch tote Flussläufe gab. Nach der Siegregulierung im Jahre 1777, bei der die Sieg nun im rechten Winkel auf den Rhein traf, entstanden bei Bergheim und Mondorf vier Buchten, tote Siegarme, die zu sicheren Ankerplätzen für Wasserfahrzeuge aller Art werden sollten: die „Hütte“, die „oberste Fahr“, das „Discholz“ und die „alte Sieg“.

Bis Ende des 18. Jahrhunderts der Kölner Hafen in Betrieb genommen wurde, hat der Mondorf/Bergheimer Hafen eine wichtige Bedeutung für die Schiffer und Flößer an Rhein und Sieg gehabt. Er bot den Kapitänen Schutz vor Eisgang. So wie bei der Hochwasserkatastrophe im Winter 1783/1784. Was zu Beginn der großen Kälte für die Anrainer als vergnügliches Volksfest anmutete, konnten sie doch zu Fuß den Strom überqueren, wuchs sich zu einem Horror-Szenario aus: Immer höher stieg das Wasser, und die Eisschollen schoben sich übereinander. Verzweifelte Kölner versammelten sich im Dom und baten Gott, dass sich die Naturgewalten doch im Zaume halten sollten. Doch alles Beten half nichts: Zwischen Mülheim und Köln bildete sich ein Damm aus Eis, der Ende Februar 1784 zerbarst. Die Stadtmauer, Häuser, Kräne, aber auch die Schiffe, die am Ufer lagen, fielen der Naturkatastrophe zum Opfer.

Nach diesem fürchterlichen Ereignis wäre es nun endlich an der Zeit gewesen, einen „ordentlichen“ Hafen in Köln zu errichten, in denen die Schiffe Schutz vor Eisgang suchen konnten, doch gerieten die Pläne dafür ins Stocken. Das war einer der Gründe dafür, weshalb die Schiffer die Siegarme in Mondorf und Bergheim nutzten, wenn das Wasser auf dem Rhein zu gefrieren drohte. In einer der sicheren Buchten überwinterte einst die „Fliegende Brücke“ von Beuel und Bonn, eine Gierseilfähre, die seit dem letzten Viertel des 17. Jahrhunderts Menschen und Lasten übersetzte. Zeitweise suchten in den Altarmen der Sieg neben kleineren Booten, Nachen und Lastkähnen sechzehn holländische Schiffe Schutz vor Eisgang. Flößerholz wurde ebenfalls deponiert. Später, im ausgehenden 19. Jahrhundert, überwinterten hier außerdem das schwimmende Bootshaus des Beuel-Bonner Ruderclubs, die Thiebes'schen und die militärischen Badeanstalten, die man zu Beginn des Frühlings wieder nach Bonn zurückschleppte.

Der eigentliche Flößereihafen befand sich aber nicht in der schützenden Bucht eines alten Siegarms; denn dort gab es natürlich nicht genügend Platz für die riesigen Holländer-Flöße, sondern in der Nähe der heutigen Fähre und direkt am Rhein. Der Stich eines französischen Künstlers, der im Kölner Stadtmuseum hängt, entstand um das Jahr 1800, vermittelt uns heute einen kleinen, aber nicht minder imposanten Eindruck: Das Siebengebirge im Hintergrund, die damalige Silhouette von Grau-Rheindorf auf der anderen Rheinseite, sieht man Holzarbeiter auf Flößen ihre Arbeit verrichten. Auf diesen befinden sich auch die Holzhütten, auf der die bunt gewürfelte Mannschaft während der Fahrt lebte. Eine Baracke im Vordergrund diente vielleicht als Materiallager, vielleicht war sie aber auch das „*bureau*" des herzoglichen Verwalters von Berg.[7] Dieser hatte nämlich seit 1579 das Vorkaufsrecht für alles geflößte Holz, verbrieft in einem Mondorfer Weistum „der Fluitzenfare". Erst wenn der Herzog kein Interesse an dem Holz bekundete, durfte das Floß Mondorf passieren.

Dass der Bau eines Floßes keine zeitraubende Angelegenheit war, wusste der Bonner General-Anzeiger am 18.3.1895 zu berichten: „*Am Mittwoch trafen eine Anzahl Flößer hierselbst ein, um das in unserem Hafen lagernde Holz zu einem Floß zusammen zu fügen. Am Donnerstag trieb das Floß bereits auf Duisburg zu, wohin das Holz geflößt wird.*"[8] An dieser Aussage erkennen wir, dass Holz nicht nur nach Holland, sondern auch zum waldarmen Niederrhein transportiert wurde, wo es dann ebenfalls verkauft wurde.

---

[7] Heinrich Brodeßer schreibt im „Heimatbuch Untere Sieg" S. 245ff: „Das Geschäftsbüro des Mondorfer Holzhandels befand sich in einer Holzbaracke unterhalb des Kirchberges." Es ist denkbar, dass es zwei Büros gab, ein herzogliches und eines, das die Holzhändler nutzten.

[8] Bonner General-Anzeiger, 18.03.1895

Flößereihafen vor Mondorf, Zeichnung eines unbekannten Künstlers
Quelle: Rheinisches Bildarchiv, Köln

Vom „Suure Hunk“ zum „Flüzebier“

Das kleine Mondorf, das erstmals 795 in den Urkunden des Bonner Cassius-Stiftes als „Munnendorp“ erwähnt wurde, war aus einer fränkischen Siedlung hervorgegangen. Natürlich spielte hier seit jeher der Fischfang eine bedeutende Rolle, wie eigentlich bei fast allen an den Flüssen gelegenen Dörfern. An dieser Stelle sei die 987 gegründete „Fischereibruderschaft zu Bergheim an der Sieg“ genannt, einer zunftähnlichen Vereinigung, die dem Stift Vilich unterstand und diesem Abgaben zu entrichten hatte.

In früheren Zeiten wurde an der Sieg sogar Weinbau betrieben. Doch durch Krankheiten an den Rebstöcken, Verwüstungen der Weinberge durch fremde Truppen und Hochwasser verlor der im Volksmund *„Suure Hunk“* (Saurer Hund) genannte Rebensaft im Laufe des 18. Jahrhunderts immer mehr an Bedeutung. Die Mondorfer suchten sich neue Erwerbsquellen. Sie bauten Obst und Gemüse an und transportierten dieses mittels Booten zu den nächstgelegenen

Märkten. Sie hielten und züchteten vor allem Schweine, die sie bis zu Beginn des 19. Jahrhunderts auf die umliegenden Weiden trieben, bis allgemein die Stallfütterung einsetzte. Dann schlachteten sie die Tiere und verkauften Fleisch, soweit sie es nicht zum Leben brauchten, an die Schiffer und Flößer, die bei ihnen im Hafen Station machten. Ebenfalls bei den Reisenden begehrt waren die Korbwaren, die die Mondorfer in großer Stückzahl aus den an den Ufern von Rhein und Sieg wachsenden Weiden selbst produzierten. Gute Geschäfte machten die Dörfler nicht nur mit den Flößern, die hier nach Dordrecht aufbrachen, sondern vor allem auch mit holländischen Schiffern. Das ist umso bemerkenswerter, als gerade die Holländer von 1620 bis 1622 die vor Bergheim und Mondorf gelegene „Paffemötz" besetzt und sich damit bei den Einheimischen nicht gerade beliebt gemacht hatten. Aber der Dreißigjährige Krieg und alle anderen Scharmützel aus jener Zeit waren nun Geschichte. Die Einheimischen feierten daher gerne mit den holländischen Schiffern das Neujahrsfest im Mondorfer Hafen. Ein solches stand den Vergnügungen einer Dorfkirmes in nichts nach und zahlte sich zudem für das Gastgewerbe in klingende Münze aus: So wird von einem Mondorfer Wirt namens Lorenz Heinzen berichtet, der während solcher Feiern „ganze Hüte voll Geld als Notpfennig habe zurücklegen können".[9]

Nachdem der Weinbau an der unteren Sieg keine Rolle mehr spielte, wurde nun vorwiegend Bier ausgeschenkt. Das sollte es in einem Fall sogar zu einiger Berühmtheit bringen. Im Jahre 1866 gründete Martin Schlimgen die gleichnamige Gaststätte mit Bierbrauerei. Der Gerstensaft muss einen vortrefflichen Geschmack gehabt haben, wie der Bergheimer Heimatforscher Heinrich Brodeßer mutmaßt.[10] Die Männer hätten auf der Straße ihre Arbeit unterbrochen und ehrfurchtsvoll die Kappe gezogen, wenn schwere, von Pferden gezogene Bierwagen mitsamt ihrer kostbaren Fracht vorbeirumpelten.

Von anderer Qualität, doch dabei nicht minder begehrt, war das Bier, das die Brauerei Schlimgen an den Floßherrn, der mit seiner Mannschaft Station im Mondorfer Hafen machte, verkaufte. Im

---

[9] Sanke, Hermann: , „Mondorf im Licht der Geschichte" S. 156

[10] Brodeßer, Heinrich: „Die Brauerei Schlimgen zu Mondorf" in: Niederkasseler Hefte, Band 9, S. 34f

Volksmund „Flüzebier“ genannt, war es wohl doch eher eine dünne „Plörre“. Wollte ein Brauer den anderen necken, so behauptete er: „Du braust ja reines Flößer-Bier ...“ Für die jungen Burschen im Dorf waren die hölzernen Wasserfahrzeuge im Hafen Abenteuer pur. Sie stibitzten Zwiebeln, Möhren und Lauch aus der mütterlichen Vorratskammer, um sie auf dem Floß gegen eine „Kump Flüzezupp“ einzutauschen. Vor dem Lagerfeuer tranken sie dann mit den Floßknechten reichlich das Schlimgen'sche „Flüzebier“, bis die Müdigkeit sie übermannte.

Neue Zeiten

Die Dampfschifffahrt auf dem Rhein, die ab 1816 einsetzte, führte zu einigen Veränderungen auf dem großen Strom. Nach und nach wurden die Fahrrinnen ausgebaggert; denn diese Schiffe hatten einen weitaus größeren Tiefgang als die herkömmlichen Boote und Kähne. Die Altarme der Sieg in Bergheim wurden immer weniger als Ankerplätze genutzt, bis schließlich nur der bis heute in seiner Form weitgehend erhaltene Hafen in Mondorf übrig blieb.

Aber auch im Jahre 1893 war noch etwas von dem wirtschaftlichen Aufwind zu spüren, den die Flößergesellschaften und holländischen Schiffer einst nach Mondorf gebracht hatten. Der General-Anzeiger berichtete, dass an nebligen Dezemberabenden bei niedrigem Wasserstand die Schlepper am Ufer ankerten und das wie Perlen an der Schnur aneinandergereiht von Mondorf bis nach Rheidt.[11] Was zum Leben benötigt wurde, kauften die Matrosen in den Dörfern ein und belebten damit die Konjunktur. Auch die ärmere Bevölkerung profitierte von den großen Kähnen. Wer einen Nachen auftreiben konnte, fuhr hinaus, um von den Besatzungen der Schlepper Asche zu erbitten. Diese siebte man dann zuhause durch und erhielt so kostenlosen Brennstoff zum Heizen.

Die Flöße allerdings wurden in jener Zeit schon von Dampfschiffen gezogen. Die reichlichen Vorratskäufe für die Mannschaft durch die Floßgesellschaften entfielen somit, wenn auch noch in Mondorf im 20. Jahrhundert ab und an ein Floß zum Übernachten anlandete. In den 1960er Jahren wurde dann das letzte Rheinfloß auf die Reise geschickt.

[11] Bonner General-Anzeiger, 16.12.1893

Auch für die Fischer am großen Strom bedeuteten die Wasserbauarbeiten eine tiefgreifende Zäsur; denn in der Folge war es schwierig, mit dem Fischfang ein Auskommen zu haben. Die Wasserqualität des Rheins nahm durch die zunehmende Umweltverschmutzung, die mit den Dampfschiffen begann, stetig ab. So verschwanden nach und nach auch die Berufsfischer aus unseren Gewässern.

Danksagung

Angefangen hat alles mit einem Anruf meines leider inzwischen verstorbenen Bruders, der mich auf eine Seite im Internet hinwies. Dort pries ein Kegelclub aus Niederkassel sein neuestes Produkt, einen Schnittbogen zum Bau eines Schiffsmodell namens *Oberländer,* an. Für mich, ausgestattet mit zwei linken Händen, nichts, was mich vom Hocker reißen konnte.

Der Nachsatz allerdings: „Die größte Werft für diesen Schiffstyp auf dem Mittelrhein lag in Beuel“, hat mich elektrisiert, denn von dieser Werft und dem Schiffstyp hatte ich, in Beuel geboren und am Rhein aufgewachsen, noch nie etwas gehört. Ich bin sowohl Mitglied im Schiffer-Verein Beuel als auch im Denkmal- und Geschichtsverein Bonn Rechtsrheinisch, somit also mit der Schifffahrt auf dem Rhein und der Geschichte und Literatur von Beuel vertraut. Von dieser Werft und dem *Oberländer* steht dort nichts geschrieben.

Gemeinsam mit Reiner Burgunder, Käpt'n vom Schiffer-Verein Beuel, den ich von meinem „Fund“ informiert hatte, sind wir dann zur Uni-Bibliothek nach Poppelsdorf gezogen, um dort nach Hinweisen zur Werft zu suchen. Mit Hilfe der sachkundigen Bibliothekarinnen sind wir schnell fündig geworden. Schwarz auf Weiß war dort zu lesen, dass die größten Werften für den *Oberländer* und seinen Nachfolger, den *Bönder,* in Beuel und an der Siegmündung gewesen sind. Carl Jakob Bachem, Vorsitzender des Denkmal- und Geschichtsvereins, hat mich dann dankenswerterweise mit einer Vielzahl von Schrifttum über die Schifffahrt auf dem Rhein und dem *Oberländer* versorgt.

Bei der Auswahl der Beiträge für das Buch und den Recherchen hierzu hat mich anfänglich Michael Vaupel begleitet. Der Historiker und erfahrene Fachbuchautor hat dem Buch Struktur verliehen.

Mein Dank gilt natürlich insbesondere den Autoren – sachkundige Beueler Bürger, Historiker und Journalisten – für ihre bereitwillige Mitarbeit. Meine Gedanken sind an dieser Stelle bei Hermann Messinger, der sich, trotz schwerer Krankheit und an den Rollstuhl gefesselt, nicht davon abhalten ließ, den Beitrag über die alte Bonn-Beueler Rheinbrücke und das Bröckemännche zu schreiben. Es waren vermutlich seine letzten geschriebenen Zeilen. Wenige Wochen nach dem Einreichen seines Manuskriptes ist er gestorben.

Wertvolle schriftliche Hinweise, die in die Texte des Buches eingeflossen sind, haben mir Arnold E. Maurer, Bonn, Dieter Bissing aus Graurheindorf, Margot Baltzer, Hans-Eckart Joachim und Jürgen Nimptsch, alle aus Beuel, Elke Volz aus Bad Godesberg sowie Karl Heinz Zimmer aus Oberbillig, Mosel, gegeben. Danke.

Mein Computer und ich, wir hatten beim Schreiben des Buches ein gestörtes Verhältnis. Vermittler zwischen uns beiden waren in erster Linie Margret Müller und mein Sohn Matthias. In stoischer Ruhe korrigierten sie meine falschen Eingaben und gaben auch nach dem dritten Seufzer „Das habe ich Dir doch jetzt schon zum xtenmal gezeigt“ nicht auf, um dann weiter, jetzt aber wortlos, nach verschwundenen Beiträgen zu suchen, um zu retten, was gerettet werden musste. In Notfällen – meistens am Wochenende und zu Unzeiten – standen mir in solchen Fällen Reinold Adomeit, Martin Bosbach, Frank Braun, Franz Deiters und Martina Lorent beiseite. Allen herzlichen Dank.

Frau Dr. Sigrid Lange vom Siebengebirgsmuseum der Stadt Königswinter, Herbert Spicker vom Stadtmuseum Siegburg, Andrea Bussmann vom Rheinischen Landesmuseum Bonn, Ingo Weidig vom Dornier Museum Friedrichshafen/Airbus Group, Cathleen Walther vom Rheinischen Bildarchiv Köln, sowie Frau Tamara Lust von der Bibliothek der Universität Erlangen/Nürnberg haben mir die erbetenen Bilder ohne große Formalitäten zur Verfügung gestellt. Allen meinen Dank, besonders an die Archivarinnen, die das Buch nach dem Lesen einiger Beiträge, die meinem Antrag auf Bildüberlassung zum besseren Verständnis beigefügt waren, in ein „wissenschaftliches Werk“ hochgestuft haben, wodurch die normalerweise anfallenden Gebühren für die Leihgabe der Bilder entfallen sind. Hat mir sehr gut gefallen. Ich verstehe das aber auch als ein Kompliment an die Autoren.

Bedanken möchte ich mich auch bei Herrn Michael Hümmer, Bonn, der mir das Bild „Beueler Hafen mit Blick auf die alte Bonn-

Beueler Rheinbrücke“ von Ernst Meurer zur Verfügung gestellt hat. Das gleiche gilt für Ernst Frey, Spich, der mir den Druck eines Bildes seines „Onkel Martin“, „Beueler Hafen mit Blick auf die neue Bonn-Beueler Rheinbrücke“, genehmigt hat. In Sachen Bildbeschaffung danke ich auch Tim Glanda vom Bonner Stadtarchiv, Marco Müller von den Briefmarkenfreunden Bonn, Herrn Reinold Schmerbeck vom Heimat Verein Beuel, Herrn Luhmer vom Heimat- und Geschichtsverein Troisdorf, dem Fotostudio Menke für die Repros, Rolf Sachsse, sowie meinem Freund Roman Zinsmeister, der mich in diesen Dingen beraten hat. Mein Dank gilt auch den Leihgebern, die mir ihre Bilder ohne Namensnennung zur Verfügung gestellt haben.

Danke sage ich auch der Künstlerin Sabine Prechtel, die mir eines ihrer Bilder für den Umschlag überlassen hat.

Mein besonderer Dank gilt meiner Lektorin Sylva Harst, die das Buch zwei Jahre fachkundig, wie auch mit viel Geduld mir gegenüber, begleitet hat.

Literatur

Bachem, Carl Jakob: „Beueler Chronik, Zeittafel zur Geschichte des rechtsrheinischen Bonn", Hrsg. Stadt Bonn, Bonn 1989 (Studien zur Heimatgeschichte des Stadtbezirks Bonn-Beuel, Heft 26)

Baltzer, Margot: „Die Alltagsdarstellungen der treverischen Grabdenkmäler", Trierer Zeitschrift 46, 1983, S. 7-15

Bartolosch, Th. A.: „Pläne zur Schiffbarmachung der Sieg um 1800 – Jüngste Quellenfunde zur Regionalgeschichte des Siegerlandes" in: Heimat-Jahrbuch des Kreises Altenkirchen und der angrenzenden Gemeinden, 56. Jahrgang 2013

Berres, Frieder: „2000 Jahre Schifffahrt am Siebengebirge", Königswinter in Geschichte und Gegenwart, Heft 6, Hrsg. Stadt Königswinter – Der Bürgermeister, Königswinter 1999

Bertram, Bernhard: „Bodenfunde, Zeugen der Geschichte aus dem Stadtteil Beuel. Der Fränkische Friedhof von Schwarzrheindorf" Hrsg. Volksbank Bonn Rhein–Sieg eG, Bonn-Beuel 1999

Böcking, Werner: „Die Geschichte der Rheinschiffahrt, Schiffe auf dem Rhein in drei Jahrtausenden", Moers 1989/81

Böger, Helmut und Krüger, Gerhard: „Berühmte & berüchtigte Bonner", Wuppertal 1991

Breuer, Friedrich: „Die Bürgermeisterei und Gemeinde Vilich in den Jahren 1891-1916", Nachdruck im Faksimile der Ausgabe 1917, Hrsg. Denkmal- und Geschichtsverein Bonn – Rechtsrheinisch e.V., Bonn-Beuel 2000

Brodeßer, Heinrich: „Heimatbuch Untere Sieg", Troisdorf 1979

Ders.: „Heimatbuch Rhein-Sieg", Troisdorf 1985

Ders.: „Die Brauerei Schlimgen zu Mondorf", Niederkasseler Hefte Band 9, Niederkassel 2018

Bröhl, Heiner: „Chronik der Mondorfer Schiffswerft und Maschinenfabrik Heinrich Bröhl & Söhne 1885-1983", Niederkasseler Hefte Nr. 7, Hrsg. Stadt Niederkassel 2007

Bücher, Johannes: „Von der Entwicklung der Beueler Wäschereien", Hrsg. Volksbank Beuel eG. Beuel 1993

Bursch, Horst und Passmann, Franz Anton: „Das Römerjubiläum zu Bonn am Rhein", Siegburg 1988

Caesar, Gaius Julius: „Der Gallische Krieg", Aus dem Lateinischen von Max Oberbreyer, Köln 2014

Clemen, Paul: „Die Kunstdenkmäler der Stadt Bonn und des Kreises", Düsseldorf 1905

Deutscher Ruderverband (Hrsg): „Hundert Jahre Deutscher Ruderverband", Minden 1983

Elicker, Artur: „Jahrtausendwasser in Bonn 1784. Zur Erinnerung an das Rheinhochwasser vor 200 Jahren". In: Bonner Geschichtsblätter, Band 36 (1984) S. 119-148

Gutzmer, Karl: „Chronik der Stadt Bonn", Dortmund 1988

Hammer, Lothar: „Wege in die Geschichte, Siegburg und sein Stadtmuseum", Hrsg. Gerd Fischer, Siegburg 1995

Harst, Sylva: „Karneval – von Babylon bis Beuel", Glauben und Leben. Bd. 32, Berlin 2006

Hoch, Karl: „Grau-Rheindorf. Heimatbuch eines Bonner Vorortes", Festschrift aus Anlaß der Achthundertjahrfeier der Pfarrgemeinde St. Margareta zu Bonn-Grau-Rheindorf, Bonn 1949

Hunder, Hans: „Andernach: Darstellungen zur Geschichte der Stadt“, Andernach 1986

Kaes, Wolfgang: „Flöße so groß wie Flugzeugträger“, General-Anzeiger Bonn, 2.8.2016

Kallboys, Mondorf: „Mondorfer Bastelbogen, Oberländer aus Beuel“, Niederkassel 2011

König, Karl: „Die erneuerte Taufkapelle“, In „1832-1982 Gottesdienst in Schwarzrheindorf“, Hrsg. zum 24.X.1982, Kath. Kirchengemeinde zum hl. Klemens

Kramp, Mario: „Der ganze Bau stand von vorneherein unter einem Unglücksstern – Der Sicherheitshafen: Köln und seine Großbaustelle 1788 – 1896“ in „Geschichte in Köln“ Band 64, Köln 2017

Matzerath, Josef (Hrsg): „Bonn, 54 Kapitel Stadtgeschichte“, Bonn 1989

Müller, Hermann Wolfram: „Lachend in den Tod – Ende eines Tagesausfluges“. In: Troisdorfer Jahreshefte, 1991

Neu, Heinrich: „Geschichte der Gemeinde Beuel“, Nachdruck im Faksimile der Ausgabe von 1950, Hrsg. Denkmal- und Geschichtsverein Bonn-Rechtsrheinisch e.V., Bonn-Beuel 2000

Ders.: „Vor und Frühgeschichte des rechtsrheinischen Bonn (Stadtbezirk Beuel)“, Studien zur Heimatgeschichte des Stadtbezirks Bonn-Beuel, Heft 20, Bonn 1975

Ders.: „Der Anschluss des rechtsrheinischen Raumes von Bonn an den Eisenbahnverkehr“, Studien zur Heimatgeschichte des Stadtbezirks Bonn-Beuel, Bonn 1971

Nuding, Stephan: „175 Jahre Köln-Düsseldorfer Deutsche Rheinschiffahrts-Gesellschaft“, Oldenburg 1. Auflage 2001

Paßmann, Franz Anton: „Die Römer rechts des Rheines“, Eigenverlag, Wachtberg-Niederbachem 1986

Ders: „Der Bonn-Beueler Raum zur Römerzeit“, Eigenverlag, Wachtberg-Niederbachem 1982

Planitz, Ulrich Frank „Kleine Geschichten aus Bonn“, Stuttgart 1989

Reinirkens, Leonhard: „Geschichte vor Ort: Rheinland-Pfalz“, „Von der Römerzeit bis zum Ende der Kurfürstlichen Herrschaft“, Bad Honnef 1988

Rey, Manfred van: „Bonn, der Kalender zum Jubiläumsjahr“, Hrsg. Bonner Heimat- und Geschichtsverein, Bonn 1988

Sanke, Hermann: „Mondorf im Licht der Geschichte“, Eigenverlag 1977

Scheiffarth, Engelberg: „Heimat- und Volkskunde des Amtes Menden (Rhld), 19. u. 20. Jahrhundert“, Siegburg 1951

Schmitz-Reinhardt, Johann Ignaz: „Beueler Weiberfastnacht. Chronik eines alten Volksfestes“. Hrsg.: Heimatverein Beuel am Rhein, Beuel 1949

Schwarz, Kurt: „Die Typenentwicklung des Rheinschiffs bis zum 19. Jahrhundert“, Diss. Köln 1928

Schwarz, Uwe: „Die Rheinpanoramen. Ausdruck der Rheinromantik und Reiselust im 19. Jahrhundert“ In: Staatsbibliothek zu Berlin (Hrsg): Flüsse im Herzen Europas. Kartographische Mosaiksteine einer europäischen Flusslandschaft. Wiesbaden 1993, S. 29-37

Siebengebirgsmuseum Königswinter (Hrsg.): „Flößerei auf dem Rhein“, Königswinter 1999

Signon, Helmut: „Wie war zu Köln es doch vordem ...“ , Frankfurt 1972

Spata, Manfred: „200 Jahre historische Karten der Landesaufnahmen am Beispiel des Beueler Raumes“, Hrsg. Heimat- und Geschichtsverein Beuel am Rhein e.V., Bonn 2017 (Kleine Schriften, 2017)

Ders.: „Johannes von Nepomuk. Der böhmische Heilige als Patron des Schiffer-Vereins Beuel“. Hrsg. Heimat- und Geschichtsverein Beuel am Rhein e.V. , Bonn 2009 (Kleine Schriften)

Ders.: „Das Jahrtausend-Hochwasser von 1784 in Bonn und Beuel. Beueler Hochwassermarken als Erinnerung an die Eiswasserkatastrophe“. Hrsg. Denkmal- und Geschichtsverein Bonn-Rechtsrheinisch e.V. (Kleine Beiträge zu Denkmal- und Geschichte im rechtsrheinischen Bonn, Heft 4), Bonn 2017

Stöver, Hans Dieter und Gechter, Michael: „Report aus der Römerzeit“ ‚Stuttgart 1989

Walterscheid, Joseph: „Kulturbilder aus dem alten Siegburg“, Verlag F. Schmitt – Siegburg 1952

Wetz, Margot, Hrsg. „Das Haus in der Rheingasse. Beethoven Wohnhaus im Kontext der Bonner Geschichte (1660-1860)“. Gottfried Fischers Materialsammlung, Bonn 2006

Wolf, Irmgard und Engelhardt, Manfred: „Kleine Kulturgeschichte der Rheinlande“, Hrsg. Bonner Zeitungsdruckerei u. Verlagsanst. H. Neusser, Verlag des General-Anzeigers, Bonn 1998

Wrede, Adam: „Volk am ewigen Strom“, Band 2, „Sang und Sage am Rhein“, Herausgeber Gottfried Hensel und Adam Wrede, 1935

Zurnieden, Paul: „Bonner Geschichte(n)“, Hrsg. Bonner Zeitungsdruckerei u. Verlagsanst. H. Neusser, Bonn 1994